权威·前沿·原创

皮书系列为
"十二五"国家重点图书出版规划项目

图书在版编目（CIP）数据

2015 年中国本科生就业报告/麦可思研究院编著. 一北京：
社会科学文献出版社，2015.6
（就业蓝皮书）
ISBN 978 - 7 - 5097 - 7537 - 0

Ⅰ. ①2…　Ⅱ. ①麦…　Ⅲ. ①本科生 - 就业 - 研究报告 -
中国 - 2015　Ⅳ. ①G647. 38

中国版本图书馆 CIP 数据核字（2015）第 107612 号

就业蓝皮书

2015 年中国本科生就业报告

编　　著 / 麦可思研究院
主　　审 / 王伯庆　郭　娇

出 版 人 / 谢寿光
项目统筹 / 邓泳红　桂　芳
责任编辑 / 桂　芳

出　　版 / 社会科学文献出版社 · 皮书出版分社（010）59367127
地址：北京市北三环中路甲 29 号院华龙大厦　邮编：100029
网址：www. ssap. com. cn
发　　行 / 市场营销中心（010）59367081　59367090
读者服务中心（010）59367028
印　　装 / 三河市东方印刷有限公司

规　　格 / 开 本：787mm × 1092mm　1/16
印 张：15. 75　字 数：247 千字
版　　次 / 2015 年 6 月第 1 版　2015 年 6 月第 1 次印刷
书　　号 / ISBN 978 - 7 - 5097 - 7537 - 0
定　　价 / 98. 00 元

皮书序列号 / B - 2009 - 124

前　言

《2015 年中国本科生就业报告》除总报告外包括"应届本科毕业生就业报告"、"本科毕业生中期职业发展报告"和"专题研究：本科毕业生需求变化趋势分析"这三部分，回应了几个问题：刚毕业半年的本科生就业质量如何？毕业三年后在职场发展后劲如何？本科毕业生需求变化趋势如何？

"应届本科毕业生就业报告"是本书最重要的部分。报告数据来源于麦可思对 2014 届大学生毕业半年后的问卷调查，回收全国样本约 26.4 万，其中本科生样本约 12.6 万。2014 届大学生毕业半年后的就业率为 92.1%，比 2013 届（91.4%）同期有所上升，其中 2014 届本科生毕业半年后的就业率为 92.6%，比 2013 届（91.8%）同期也有所上升。该部分还包括反映就业质量的各项重要指标。例如，从"红黄绿牌"专业预警来看，2015 年本科就业红牌专业包括：生物工程、美术学、生物科学、应用物理学、应用心理学、法学、音乐表演。以上专业部分与 2014 年的红牌专业相同，属于失业量较大，就业率、月收入和就业满意度综合较低的高失业风险型专业，这些专业具有持续性。

"本科毕业生中期职业发展报告"是基于对 2011 届大学生毕业半年后（2012 年初完成，回收全国样本约 25.6 万，其中本科生样本约 15.6 万）和三年后（回收全国样本约 6.0 万，其中本科生样本约 3.1 万）的两次跟踪调查而得，进而与 2010 届本科毕业生进行同期对比。该子报告反映本科毕业生在职场的发展后劲，包括三年后去向、职业转换率、就业满意度、薪资变化、职位晋升、自主创业等指标。

"本科毕业生需求变化趋势分析"是本年度的专题报告。随着人口总量下降，城市化进程和产业升级，中国受过高等教育的劳动者短缺问题将日益

严重，这个缺口能否得到填补正逐渐引起全社会的广泛关注。本专题将从失业比例、月收入、就业城市类型、就业的主要职业和行业、雇主类型这五方面，分析 2010～2014 届本科毕业生的需求变化趋势，这对高技能人才培养、经济持续增长、地区均衡发展等国家战略目标的达成具有重要意义。

本年度报告的特点仍然是以数据和图表来呈现分析结果，而不是表达个人观点。读者可以从自己的专业角度对某一数据或图表背后的因果关系进行深度解读。

特别感谢帮助完善本年度报告的高等教育管理者和研究者，在此不一一具名。报告中所有的错误由作者唯一负责。

感谢读者阅读前言与本报告。限于篇幅，报告仅提供部分数据，如需了解更详细的内容，请联系作者（research@ mycos. com）。

麦可思研究院

2015 年 4 月

目　录

Ⅲ　分报告二　本科毕业生中期职业发展报告

B Ⅳ　分报告三　专题研究

皮书数据库阅读 使用指南

图表目录

B I 总报告

𝔹 Ⅱ　分报告一　应届本科毕业生就业报告

Ⅲ　分报告二　本科毕业生中期职业发展报告

B IV   分报告三   专题研究

总　报　告

B.1
技术报告

一　调查背景介绍

（一）调查背景

随着中国经济进入"新常态"，就业的宏观环境发生了巨大的变化，大学生就业再次成为社会关注的重大问题。《教育部关于做好2015年全国普通高等学校毕业生就业创业工作的通知》中指出："2015年宏观就业形势面临多重压力，高校毕业生规模进一步加大，就业创业工作任务十分艰巨。"通知中明确提出："要进一步健全高校毕业生就业质量年度报告制度，完善报告内容和发布方式，9月份发布高校毕业生就业状况，12月底面向社会发布高校毕业生就业质量年度报告。加强毕业生就业创业与职业发展状况跟踪调查，完善就业质量评价指标体系，把大学生创新创业能力、就业创业状况作为高校评估重要内容。"

就业信息跟踪调查和公开发布制度是促进就业的有效方法。"就业质量

年报"制度自 2013 年 12 月初教育部办公厅印发《关于编制发布高校毕业生就业质量年度报告的通知》（教学厅 2013 年 25 号）以来，得到了高校的积极贯彻落实，就业质量年报的内容质量、发布质量及合规性质量等都呈现提高态势。对毕业生开展就业调查、评估就业质量、发布就业报告，已经成为高校就业工作的规定内容和年度任务。

落实就业信息跟踪评价、公开发布制度，也是贯彻"依法治教"的重要举措。中共十八届四中全会提出了"依法治国"的战略决策，教育部据此提出了"全面推进依法治教、依法治校"的进一步部署。开展就业信息跟踪评价、公开发布就业质量年报，首先是落实教育部相关政策措施的需要，各高校均需要对行政管理的要求是否实现、行动是否合规做出回应。同时，信息公开也是依法治教的举措之一，需要有效落实。

本报告基于麦可思公司 2015 年度的大学毕业生跟踪调查数据而撰写，反映了社会第三方专业机构对于大学生就业信息的跟踪评价和公开发布——这也是符合"管办评分离"的原则和要求的。麦可思公司自 2007 年以来，每年对毕业半年后大学生的就业状态和工作能力进行全国性调查研究，每三年就用人单位对大学生的能力要求和雇用情况进行全国性调查研究，从 2010 年开始，连续六年对之前调查过的全国 2006~2011 届大学毕业生进行毕业三年后的职业发展跟踪调查。目前，麦可思已经调查了 2006~2014 届毕业半年后的大学生。就业蓝皮书自 2009 年首度发布以来，至 2015 年已是第七次年度报告，本年度报告可供中国各级教育行政主管部门、各级人力资源行政主管部门、各级各类高校、各企事业单位、各级各类学术研究机构以及广大的大学毕业生和高考生等参考使用①。

（二）2015年调查数据

1. 调查规模及覆盖面

2015 年度麦可思-全国大学毕业生调查分为以下两类。

---

① 限于篇幅，本报告仅提供了部分数据，如需了解更详细的内容，您可以联系我们（research @ mycos. com）。

（1）2014届大学生毕业半年后社会需求与培养质量的抽样调查，于2015年3月初完成，回收全国样本约26.4万，其中本科生样本约12.6万。调查覆盖了940个专业，其中本科专业为351个；覆盖了全国30个省、直辖市和自治区；覆盖了大学毕业生能够从事的633个职业，其中本科毕业生从事的613个职业；覆盖了大学毕业生就业的327个行业。

（2）麦可思曾对2011届大学毕业生进行过毕业半年后调查（2012年初完成，回收全国样本约25.6万，其中本科生样本约15.6万）①，2014年底对此全国样本进行了三年后的再次跟踪调查，回收全国样本约6.0万，其中本科生样本约3.1万。调查覆盖了962个专业，其中本科专业为441个；覆盖了全国31个省、直辖市和自治区；覆盖了大学毕业生能够从事的636个职业，本科毕业生从事的585个职业；覆盖了大学毕业生就业的323个行业。

2. 调查对象

毕业半年后的2014届大学毕业生：包括"211"院校、非"211"本科院校、高职高专院校、本科院校的高职高专部的毕业生，不包括成人高等教育、军事院校和港澳台院校的毕业生。

毕业三年后的2011届大学毕业生：包括"211"院校、非"211"本科院校、高职高专院校、本科院校的高职高专部的毕业生，不包括成人高等教育、军事院校和港澳台院校的毕业生。

3. 调查方式

分别向毕业半年后的2014届大学毕业生和毕业三年后的2011届大学毕业生以电子邮件方式发放答题邀请函、问卷客户端链接和账户号，两类调查的问卷不同。答卷人回答问卷，答题时间为15～30分钟。

4. 调查对象分类

2014届大学毕业生毕业半年后社会需求与培养质量调查分为八类大学毕业生群体：

（1）受雇就业，分为受雇全职工作（包括与专业有关和与专业无关）、

---

① 参见《2012年中国大学生就业报告》（就业蓝皮书）。

受雇半职工作两类；

（2）自主创业；

（3）毕业后入伍；

（4）毕业后立刻在国内或国外读研（针对本科毕业生）；

（5）毕业后读本科（针对高职高专毕业生）；

（6）没有就业和求职，在家准备考研或留学；

（7）没有就业，继续求职；

（8）没有就业，暂不求职并且也不准备求学。

2011届大学毕业生毕业三年后职业发展调查分为六类大学毕业生群体：

（1）受雇就业，分为与专业有关工作和与专业无关工作两类；

（2）自主创业；

（3）正在读研；

（4）正在读本科（针对高职高专毕业生）；

（5）没有就业，继续求职；

（6）没有就业，暂不求职并且也不准备求学。

5. 调查问题分类

2014届大学毕业生毕业半年后社会需求与培养质量调查的问题分为以下七类：

（1）就业状况；

（2）基本工作能力、核心知识；

（3）自主创业；

（4）读研（针对本科毕业生）；

（5）专升本（针对高职高专毕业生）；

（6）校友评价；

（7）社团活动参与情况和素养提升；

2011届大学毕业生毕业三年后职业发展调查的问题分为以下六类：

（1）就业状况；

（2）工作稳定性；

（3）基本工作能力；

（4）职位晋升；

（5）培训；

（6）校友评价。

二 研究概况

（一）研究目标

本调查研究采用麦可思公司自主研发的"麦可思中国高等教育供需追踪系统"（CHEFS）来进行。CHEFS 是"以社会需求信息为依据的就业导向"的评价系统，通过跟踪大学毕业生的社会需求满足、就业质量与读研学术准备的结果，把分析结果反馈给高等教育机构，以帮助高等教育机构按社会需求来改进其招生、专业设置、课程设置、课程内容、教学方式和求职服务，实现以社会需求和培养结果评价为重要依据的高校管理过程控制。

（二）研究目的

（1）了解 2014 届大学生毕业半年后的就业状态及就业满意度，发现其在满足社会需求方面存在的问题；

（2）了解 2014 届大学毕业生的专业预警情况；

（3）了解 2014 届大学毕业生对高等教育的满意度以及对母校的推荐度；

（4）通过大学毕业生工作中的自我评估，了解大学毕业生毕业时掌握的基本能力和核心知识是否适应其岗位的情况，反映今后的能力培养侧重点；

（5）了解 2014 届大学毕业生的自主创业及升学状况；

（6）了解 2014 届大学毕业生的社团活动和素养的提升状况；

（7）了解 2011 届大学生毕业三年后的月收入、专业相关度和职位晋升情况；

（8）了解 2011 届大学生毕业三年后的工作稳定性，即毕业三年内职

业、行业转换等；

（9）了解2011届大学生毕业三年内的培训情况及其对个人职业发展的影响；

（10）了解2011届大学生毕业三年后对基本工作能力的重要性评价；

（11）了解2011届大学生毕业三年后的自主创业和学历提升状况。

（三）研究样本

本调查需提醒读者注意以下几点：

（1）答题通过电子问卷客户端实现，未被邀请的答题将视为无效。

（2）本研究对调查答题和未答题的样本进行了检验，没有发现存在自我选择性样本偏差问题（Self – selection Bias）①。

（3）专业和地区样本的分布与实际分布见表1～表8，大学毕业生的实际分布比例来自中华人民共和国国家统计局网站。对于样本中与实际比例的明显差异可能带来的统计误差，本研究采用权数加以修正。

表1　2014届本科毕业生调查样本分布与实际分布对比

单位：%

本科学科门类	2014届本科调查样本分布	2014届本科毕业生实际分布	本科学科门类	2014届本科调查样本分布	2014届本科毕业生实际分布
工　学	31.5	31.4	法　学	3.9	3.9
文　学	18.9	19.2	教育学	2.6	3.6
管理学	17.9	17.2	农　学	1.1	1.8
理　学	10.5	10.2	历史学	<1.0*	0.5
经济学	7.2	5.9	哲　学	<1.0	0.1
医　学	6.1	6.2			

＊表中调查样本分布小于1.0%的数值均用"<1.0"表示，下同。

数据来源：麦可思－中国2014届大学毕业生社会需求与培养质量调查；中华人民共和国国家统计局。

---

① 自我选择性样本偏差问题：是指调查中存在某类群体选择答题的概率和其他群体有明显不同。例如，可能存在就业的毕业生更容易选择参与答题，而没有就业的学生可能不愿意参加答题等。

表2　2014届高职高专毕业生调查样本分布与实际分布对比

单位：%

高职高专专业大类	2014届高职高专调查样本分布	2014届高职高专毕业生实际分布
财经大类	22.4	21.2
制造大类	14.7	13.0
土建大类	12.2	11.2
电子信息大类	10.0	9.7
文化教育大类	8.0	10.6
医药卫生大类	7.6	9.6
交通运输大类	6.0	4.4
艺术设计传媒大类	3.6	4.8
旅游大类	3.2	3.3
资源开发与测绘大类	2.3	1.5
材料与能源大类	2.2	1.4
生化与药品大类	2.1	2.4
轻纺食品大类	1.6	1.7
农林牧渔大类	1.4	1.8
水利大类	<1.0	0.4
公共事业大类	<1.0	1.0
法律大类	<1.0	1.2
环保、气象与安全大类	<1.0	0.5
公安大类	<1.0	0.3

数据来源：麦可思–中国2014届大学毕业生社会需求与培养质量调查；中华人民共和国国家统计局。

表3　2014届各经济区域本科毕业生调查样本分布与实际分布对比

单位：%

各经济区域	2014届本科调查样本分布	2014届本科毕业生实际分布
泛长江三角洲区域经济体	21.8	20.9
泛渤海湾区域经济体	21.2	20.3
中原区域经济体	16.8	16.2
泛珠江三角洲区域经济体	12.5	12.0
西南区域经济体	12.1	11.6
东北区域经济体	8.4	11.0
陕甘宁青区域经济体	7.2	6.9
西部生态经济区	<1.0	1.1

数据来源：麦可思–中国2014届大学毕业生社会需求与培养质量调查；中华人民共和国国家统计局。

表4 2014届各经济区域高职高专毕业生调查样本分布与实际分布对比

单位：%

各经济区域	2014届高职高专调查样本分布	2014届高职高专毕业生实际分布
泛渤海湾区域经济体	21.3	21.3
泛长江三角洲区域经济体	20.7	20.7
中原区域经济体	18.3	18.3
泛珠江三角洲区域经济体	14.4	14.4
西南区域经济体	11.2	11.2
东北区域经济体	6.6	6.6
陕甘宁青区域经济体	6.1	6.1
西部生态经济区	1.4	1.4

数据来源：麦可思–中国2014届大学毕业生社会需求与培养质量调查；中华人民共和国国家统计局。

表5 2011届本科毕业生调查样本分布与实际分布对比

单位：%

本科学科门类	2011届本科生毕业三年后调查样本分布	2011届本科生毕业生实际分布	本科学科门类	2011届本科生毕业三年后调查样本分布	2011届本科生毕业生实际分布
工 学	32.7	31.6	医 学	2.3	6.2
管理学	19.1	16.5	教育学	2.1	3.5
文 学	17.0	19.1	农 学	1.6	1.9
理 学	11.2	10.5	历史学	<1.0	0.5
经济学	8.4	6.0	哲 学	<1.0	0.1
法 学	5.0	4.1			

数据来源：麦可思–中国2011届大学毕业生三年后职业发展调查；中华人民共和国国家统计局。

表6 2011届高职高专毕业生调查样本分布与实际分布对比

单位：%

高职高专专业大类	2011届高职高专生毕业三年后调查样本分布	2011届高职高专毕业生实际分布
财经大类	21.0	21.4
制造大类	14.7	13.4
电子信息大类	13.3	13.0
土建大类	9.9	6.9
文化教育大类	8.8	12.7
交通运输大类	5.0	3.5
生化与药品大类	4.4	2.7
艺术设计传媒大类	3.9	4.8
医药卫生大类	3.8	7.0

续表

高职高专专业大类	2011 届高职高专生毕业三年后调查样本分布	2011 届高职高专毕业生实际分布
农林牧渔大类	2.9	2.1
旅游大类	2.7	3.7
轻纺食品大类	2.6	2.2
材料与能源大类	2.4	1.4
资源开发与测绘大类	2.3	1.2
环保、气象与安全大类	<1.0	0.5
公共事业大类	<1.0	1.0
法律大类	<1.0	1.6
水利大类	<1.0	0.3
公安大类	<1.0	0.6

数据来源：麦可思 – 中国 2011 届大学毕业生三年后职业发展调查；中华人民共和国国家统计局。

表7　2011 届各经济区域本科毕业生调查样本分布与实际分布对比

单位：%

各经济区域	2011 届本科生毕业三年后调查样本分布	2011 届本科毕业生实际分布
泛长江三角洲区域经济体	22.5	22.0
泛渤海湾区域经济体	20.8	20.3
中原区域经济体	15.6	15.1
泛珠江三角洲区域经济体	11.8	11.4
西南区域经济体	11.1	10.8
东北区域经济体	10.2	12.3
陕甘宁青区域经济体	7.3	6.8
西部生态经济区	<1.0	1.3

数据来源：麦可思 – 中国 2011 届大学毕业生三年后职业发展调查；中华人民共和国国家统计局。

表8　2011 届各经济区域高职高专毕业生调查样本分布与实际分布对比

单位：%

各经济区域	2011 届高职高专生毕业三年后调查样本分布	2011 届高职高专毕业生实际分布
中原区域经济体	21.9	19.1
泛长江三角洲区域经济体	19.5	20.7
泛渤海湾区域经济体	18.6	22.2
泛珠江三角洲区域经济体	15.2	13.3

续表

各经济区域	2011 届高职高专生毕业三年后调查样本分布	2011 届高职高专毕业生实际分布
西南区域经济体	10.7	9.9
陕甘宁青区域经济体	6.9	6.3
东北区域经济体	5.9	7.3
西部生态经济区	1.3	1.2

数据来源：麦可思 – 中国 2011 届大学毕业生三年后职业发展调查；中华人民共和国国家统计局。

（四）研究过程

本调查研究分为三个步骤：信息反馈、数据分析及指标呈现。

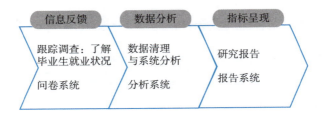

图 1　调查研究的三个步骤

（五）基本研究框架

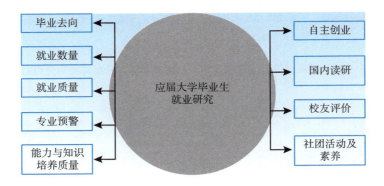

图 2　分报告一　基本研究框架

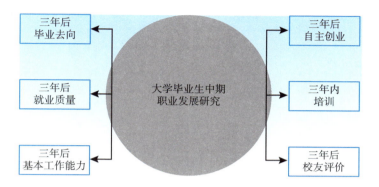

图3 分报告二 基本研究框架

B.2
主要结论

分报告一　应届本科毕业生就业报告

第一章　毕业去向

一　总体毕业去向分布

1. 在 2014 届大学毕业生中，有 80.6% 的人毕业半年后受雇全职或半职工作，2.9% 的人自主创业，0.4% 的人入伍；有 8.9% 的人升学，其中 5.9% 正在国内读研，0.9% 正在港澳台及国外读研，2.1% 正在读本科；有 7.2% 的人处于失业状态，其中 0.9% 准备国内外读研，3.7% 准备继续寻找工作，还有 2.6% 放弃了继续求职和求学。

2. 2014 届大学生毕业半年后"受雇全职工作"的比例（79.2%）与 2013 届、2012 届（分别为 80.6%、81.3%）相比有所下降；"自主创业"的比例（2.9%）、"正在读研/读本"的比例（8.9%）与 2013 届、2012 届（"自主创业"分别为 2.3%、2.0%，"正在读研/读本"分别为 8.0%、7.1%）相比有所提升；而"无工作，继续寻找工作"的比例（3.7%）与 2013 届、2012 届（分别为 4.7%、5.3%）相比有所下降，失业状态人群连续三届呈下降趋势。

二　各类型院校毕业去向分布

1. 2014 届本科生毕业半年后"受雇全职工作"的比例（76.6%）与 2013 届、2012 届（分别为 78.6%、79.5%）相比有所下降，连续三届呈下降趋势；"自主创业"的比例（2.0%）与 2013 届、2012 届（均为 1.2%）相比有所提升，呈现明显上升趋势；"正在国内外读研"的比例（13.6%）与 2013 届、2012 届（分别为 12.2%、10.9%）相比有所提升，连续三届呈上升趋势。

2. 2014 届 "211" 院校毕业生毕业半年后 "受雇全职工作" 的比例（64.4%）与 2013 届、2012 届（分别为 66.7%、68.8%）相比有所下降，连续三届呈下降趋势；"正在国内外读研" 的比例（28.7%）与 2013 届、2012 届（分别为 26.9%、24.4%）相比有所提升，连续三届呈上升趋势。

3. 2014 届非 "211" 本科生毕业半年后 "受雇全职工作" 的比例（79.1%）与 2013 届、2012 届（分别为 81.0%、81.7%）相比有所下降，连续三届呈下降趋势；"自主创业" 的比例（2.2%）与 2013 届、2012 届（均为 1.3%）相比有所提升，呈现明显上升趋势；"正在国内外读研" 的比例（10.6%）与 2013 届、2012 届（分别为 9.2%、8.2%）相比有所提升，连续三届呈上升趋势。

三 就业地分布

2014 届本科生毕业半年后就业区域主要集中在泛长江三角洲区域（包括上海、江苏、浙江、江西、安徽），占 27.9%；泛渤海湾区域（包括北京、天津、山东、河北、内蒙古、山西），占 22.1%；泛珠江三角洲区域（包括广东、广西、福建、海南），占 18.9%。

四 就业城市类型

2014 届大学生毕业半年后有 18% 在直辖市就业，28% 在副省级城市就业，54% 在地级城市及以下就业。其中本科毕业生比高职高专毕业生在直辖市就业的比例高 8 个百分点（分别为 22% 和 14%）。我国大学生连续三届就业的城市类型分布比较稳定，没有数据表明现在的大学毕业生和之前的相比，在不同类型城市的就业比例存在明显差异。

第二章 就业数量

一 总体就业率

1. 2014 届大学生毕业半年后的就业率（92.1%）比 2013 届（91.4%）略有上升，比 2012 届（90.9%）上升 1.2 个百分点。其中，本科院校 2014 届毕业生毕业半年后的就业率为 92.6%，比 2013 届、2012 届（分别为 91.8%、91.5%）均有所上升（分别上升 0.8、1.1 个百分点）；高职高专院校 2014 届毕业生毕业半年后的就业率为 91.5%，比 2013 届（90.9%）略有上升，比 2012 届（90.4%）上升 1.1 个百分点。从近三届的趋势可以看出，大学毕业生毕业半年后就业率呈现上升趋势。

2. "211" 院校 2014 届毕业生毕业半年后的非失业率为 95.3%，比 2013 届（94.9%）略有上升，比 2012 届（94.4%）上升 0.9 个百分点，连续三届呈上升趋势；非 "211" 本科院校 2014 届毕业生毕业半年后的就业率为 92.5%，比 2013 届（91.6%）上升 0.9 个百分点，比 2012 届（91.3%）上升 1.2 个百分点，连续三届呈上升趋势。

3. 2014 届泛长江三角洲区域经济体本科院校毕业生毕业半年后的就业率最高（93.6%），东北区域经济体最低（90.2%）。

二 专业分析

1. 2014 届本科生毕业半年后就业率最高的学科门类是管理学（93.4%），最低的是法学（88.4%）。2014 届本科生毕业半年后就业率最高的专业类是护理学类（97.0%），最低的是法学类（87.0%）。从三届的就业率变化趋势可以看出，本科学科门类中的医学、文学、农学毕业半年后就业率持续上升。

2. 2014 届本科生毕业半年后就业率前三位的专业是护理学（97.0%）、建筑环境与设备工程（96.8%）、医学影像学（95.9%）。

三 职业分析

1. 2014 届本科生毕业半年后从事最多的职业类是 "财务/审计/税务/统计"，就业比例为 8.1%，其后是 "销售"（7.8%）、"行政/后勤"（7.6%）和 "建筑工程"（7.6%）。与 2012 届相比，2014 届本科毕业生就业比例增加最多的职业类为 "中小学教育" 和 "医疗保健/紧急救助"，均增加了 2.7 个百分点；就业比例降低最多的职业类为 "财务/审计/税务/统计"，降低了 2.3 个百分点。

2. 从三届的就业趋势中可以看出，在就业比例排名前五位的职业类中，本科毕业生从事 "中小学教育" 职业类的比例逐届增加，从事 "行政/后勤" 职业类的比例逐届降低。

四 行业分析

1. 2014届本科生毕业半年后就业最多的行业类是"教育业"（10.6%），其次是"建筑业"（10.2%）。与2012届相比，2014届本科毕业生就业比例增加最多的行业类为"教育业"，增加了3.4个百分点；就业比例降低最多的行业类是"金融（银行/保险/证券）业"，降低了2.7个百分点。

2. 从三届的就业趋势可以看出，在就业比例排名前五位的行业类中，本科毕业生在"教育业"行业类就业的比例逐届增加，在"媒体、信息及通信产业"、"金融（银行/保险/证券）业"行业类就业的比例逐届降低。

五 用人单位分析

1. "民营企业/个体"是2014届大学毕业生就业最多的用人单位类型，本科院校中有50%的毕业生就业于"民营企业/个体"，高职高专院校中有65%的毕业生就业于"民营企业/个体"。

2. 2014届大学毕业生就业比例最高的用人单位规模是300人及以下规模的中小型用人单位（51%），其中本科毕业生这一比例为47%，高职高专毕业生为56%。

六 未就业分析

1. 2014届大学生毕业半年后的失业率（7.9%）比2013届（8.6%）下降0.7个百分点，比2012届（9.1%）下降1.2个百分点。其中，本科院校2014届毕业生失业率（7.4%）比2013届（8.2%）下降0.8个百分点，比2012届（8.5%）下降1.1个百分点；高职高专院校2014届毕业生失业率（8.5%）比2013届（9.1%）下降0.6个百分点，比2012届（9.6%）下降1.1个百分点。从近三届的趋势可以看出，大学生毕业半年后失业率呈现下降趋势。

2. 2014届本科毕业生失业率最高的专业为应用物理学（15.2%），其次为表演、音乐表演（均为13.4%）。

3. 在2014届各类院校毕业生的未就业人群中，大多数毕业生还在继续找工作。本科院校处于未就业状态的毕业生（6.4%）中有28%为"待定族"（不求学不求职），高职高专院校处于未就业状态的毕业生（8.1%）中

有 42% 为"待定族"。

4. 在 2014 届本科院校毕业半年后的"待定族"中，有 25% 的毕业生在准备公务员考试，有 12% 的毕业生准备创业。在高职高专院校毕业半年后的"待定族"中，有 22% 的毕业生准备创业，有 8% 的毕业生在准备公务员考试。

第三章　就业质量

一　就业满意度

1. 2014 届大学毕业生的就业满意度为 61%，比 2013 届（56%）高 5 个百分点。其中，本科院校 2014 届毕业生的就业满意度为 62%，比 2013 届（58%）高 4 个百分点；高职高专院校 2014 届毕业生的就业满意度为 59%，比 2013 届（54%）高 5 个百分点。

2. 2014 届本科毕业生对就业现状不满意的主要原因是"收入低"（66%）、"发展空间不够"（59%）。

3. 在 2014 届本科学科门类中，毕业生毕业半年后就业满意度最高的为教育学和经济学（均为 64%），就业满意度最低的为工学（59%）。

4. 2014 届本科生毕业半年后就业满意度最高的职业是"税务专员"（86%）；最低的职业是"化学设备操作员和管理员"（33%）。

5. 2014 届本科生毕业半年后就业满意度最高的行业是"烟草制造业"（84%）；最低的行业为"采煤业"（40%）。

6. 2014 届本科生毕业半年后在"政府机构/科研或其他事业单位"的就业满意度最高（71%）；在"民营企业/个体"的就业满意度最低（58%）。

7. 2014 届本科生毕业半年后在泛长江三角洲区域经济体和泛渤海湾区域经济体就业的满意度（均为 64%）最高。

二　职业期待吻合度

1. 2014 届大学毕业生工作与职业期待的吻合度为 46%，比 2013 届（43%）高 3 个百分点。其中，本科院校 2014 届毕业生工作与职业期待的吻合度为 49%，比 2013 届（46%）高 3 个百分点；高职高专院校 2014 届毕业生工作与职业期待的吻合度为43%，比2013届（40%）高3个百分点。

2. 2014届认为工作与职业期待不吻合的本科毕业生中，有33%的人认为是"不符合自己的职业发展规划"，其次是"不符合自己的兴趣爱好"（23%）。

3. 在2014届本科学科门类中，毕业生半年后职业期待吻合度最高的为医学和教育学（均为53%），职业期待吻合度最低的为农学（46%）。

三　薪资分析

1. 2014届大学毕业生月收入（3487元）比2013届（3250元）增长了237元，比2012届（3048元）增长了439元。其中，本科毕业生2014届（3773元）比2013届（3560元）增长了213元，比2012届（3366元）增长了407元；高职高专毕业生2014届（3200元）比2013届（2940元）增长了260元，比2012届（2731元）增长了469元。从近三届的趋势可以看出，大学生毕业半年后月收入呈现上升趋势。

2. 2014届本科毕业生有20.3%月收入在5000元以上，比2013届（17.2%）高3.1个百分点；月收入在1500元以下的比例为1.2%，比2013届（1.6%）低0.4个百分点。

3. 在2014届本科学科门类中，毕业生毕业半年后月收入最高的是工学（3940元），最低的是医学（3208元）。

4. 2014届本科生毕业半年后从事的主要职业类月收入最高的是"互联网开发及应用"（4582元），其次是"计算机与数据处理"（4562元）。

5. 2014届本科生毕业半年后月收入最高的行业类为"媒体、信息及通信产业"（4304元），其次是"金融（银行/保险/证券）业"（4291元）。

6. 2014届本科生毕业半年后在"中外合资/外资/独资"单位就业的人群月收入最高（4203元）；与2013届相比，2014届本科毕业生在各类型用人单位就业的月收入都有所上升。

7. 2014届本科毕业生在"3000人以上"规模的大型用人单位就业的月收入最高（4232元）；与2013届相比，2014届大学毕业生在各规模用人单

位就业的月收入都有所上升。

8.2014届本科生毕业半年后在泛珠江三角洲区域经济体就业的月收入最高，为4161元。

四　工作与专业相关度

1.2014届本科和高职高专毕业生的工作与专业相关度分别为69%、62%，均与2013届、2012届（分别为69%、62%）持平。从近三届的趋势可以看出，大学毕业生的工作与专业相关度呈现平稳发展趋势。

2.2014届本科毕业生选择与专业无关工作的主要原因是"专业工作不符合自己的职业期待"（33%），其次为"迫于现实先就业再择业"（24%）。

3.在2014届本科学科门类中，专业相关度最高的是医学（94%），其次是工学（72%），最低的为农学（55%）。

五　离职率

1.2014届大学毕业生毕业半年内的离职率（33%）与2013届（34%）基本持平。其中，本科院校2014届毕业生毕业半年内离职率为23%，与2013届（24%）基本持平，高职高专院校2014届毕业生毕业半年内离职率为42%，与2013届（43%）基本持平。

2.在2014届本科学科门类中，医学半年内离职率最低（14%），文学的半年内离职率最高（30%）。

3.2014届本科毕业生半年内离职的人群有98%发生过主动离职，主动离职的主要原因是"个人发展空间不够"（50%）、"薪资福利偏低"（43%）。

第四章　专业预警

1.2015年本科就业红牌专业包括：生物工程、美术学、生物科学、应用物理学、应用心理学、法学、音乐表演；黄牌专业包括：体育教育、动画、英语、工商管理、汉语言文学。以上专业部分与2014年的红黄牌专业相同，属于失业量较大，就业率、薪资和就业满意度综合较低的高失业风险型专业。

2. 2015 年本科就业绿牌专业包括：建筑学、软件工程、网络工程、通信工程、建筑环境与设备工程、车辆工程、矿物加工工程。以上专业部分与 2014 年的绿牌专业相同，属于失业量较小，就业率、薪资和就业满意度综合较高的需求增长型专业。

第五章　能力与知识

一　基本工作能力

1. 无论是本科毕业生还是高职高专毕业生，其毕业时的基本工作能力的水平均低于工作岗位要求的水平。

2. 2014 届本科毕业生在理解交流能力中最重要的是有效的口头沟通能力（重要度为 75%），其满足度为 83%；科学思维能力中最重要的是科学分析能力（重要度为 66%），其满足度为 82%；管理能力中最重要的是说服他人能力（重要度为 76%），其满足度为 73%；应用分析能力中最重要的是疑难排解能力（重要度为 72%），其满足度为 77%；动手能力中最重要的是电脑编程能力（重要度为 77%），其满足度为 68%。

二　核心知识

2014 届本科毕业生最重要的核心知识是销售与营销知识（重要度为 66%），其满足度较低（73%）。

第六章　自主创业

一　自主创业分布

1. 2014 届大学毕业生自主创业比例为 2.9%，比 2013 届（2.3%）高 0.6 个百分点，比 2012 届（2.0%）高 0.9 个百分点。2014 届高职高专毕业生自主创业比例（3.8%）高于本科毕业生（2.0%）。从近三届的趋势可以看出，大学毕业生自主创业的比例呈现上升趋势。

2. 2014 届本科毕业生自主创业比例最高的就业经济区域为泛长江三角洲区域经济体（2.5%）。

3. 2014 届本科毕业生自主创业主要集中在销售职业类（16.3%）。2014届本科毕业生自主创业集中的前两位行业类是教育业（13.0%）、零售商业（11.1%）。

二 自主创业动机

创业理想是 2014 届本科毕业生自主创业最重要的动力（48%），因为找不到合适的工作才创业的比例（7%）较小。加强创业意识的培养才是提升毕业生自主创业的有效途径。

三 自主创业资金来源

2014 届本科毕业生自主创业的资金主要依靠父母/亲友投资或借贷和个人积蓄（80%），而来自商业性风险投资（2%）、政府资助（2%）的比例均较小。

第七章 国内读研

2014 届本科毕业生国内读研的比例为 11.7%，比 2013 届（10.8%）高0.9 个百分点，比 2012 届（9.5%）高 2.2 个百分点，三届呈上升趋势。在2014 届本科毕业后就读研的毕业生中，有 29% 转换了专业。

在 2014 届本科学科门类中，毕业生读研比例最高的是理学（18.4%），最低的是管理学（6.3%）；读研转换专业比例最低的是医学（16%），最高的是管理学（45%）。

2014 届本科毕业生读研主要的动机是就业前景好（54%）和职业发展需要（49%）。读研人群选择研究生院校时最关注的因素是所学专业的声誉（42%）和学校的牌子（23%）。

2014 届本科毕业生读研的人群认为母校本科学术准备最需要改进的是研究方法（59%），其次是学术批判性思维能力（51%）。

第八章 校友评价

一 校友满意度

1. 2014 届大学毕业生对母校的总体满意度为 88%，比 2013 届（86%）

高 2 个百分点，比 2012 届（85%）高 3 个百分点。其中，本科院校校友满意度为 89%，比 2013 届（87%）高 2 个百分点，比 2012 届（86%）高 3 个百分点；高职高专院校校友满意度为 87%，比 2013 届（85%）高 2 个百分点，比 2012 届（83%）高 4 个百分点。从近三届的趋势可以看出，大学毕业生对母校的总体满意度呈现上升趋势。

2. 泛珠江三角洲区域经济体的 2014 届本科毕业生对母校的总体满意度最高（90%）。

3. 2014 届大学毕业生对母校教学的满意度为 85%，略高于 2013 届（83%）。其中，本科院校 2014 届毕业生对母校教学的满意度为 83%，略高于 2013 届（81%）；高职高专院校 2014 届毕业生对母校的教学满意度为 86%，略高于 2013 届（84%）。在本科院校中，"211" 院校和非 "211" 本科院校毕业生对母校的教学满意度均为 83%。

4. 2014 届本科毕业生认为母校的教学最需要改进的地方为 "实习和实践环节不够"（68%），其次为 "无法调动学生学习兴趣"（48%）。

5. 2014 届大学毕业生对母校学生工作的满意度为 81%，与 2013 届（80%）基本持平。其中，本科院校 2014 届毕业生对母校学生工作的满意度为 80%，与 2013 届（79%）基本持平；高职高专院校 2014 届毕业生对母校的学生工作满意度为 81%，与 2013 届（80%）基本持平。在本科院校中，"211" 院校和非 "211" 本科院校毕业生对母校的学生工作满意度均为 80%。

6. 2014 届本科毕业生认为母校的学生工作需要改进的地方是 "与辅导员或班主任接触时间太少"（52%），其次是 "解决学生问题不及时"（40%）。

7. 2014 届大学毕业生对母校生活服务的满意度为 81%，与 2013 届（80%）基本持平。其中，本科院校 2014 届毕业生对母校生活服务的满意度为 82%，与 2013 届（82%）持平；高职高专院校 2014 届毕业生对母校的生活服务满意度为 80%，略高于 2013 届（78%）。在本科院校中，"211" 院校毕业生对母校的生活服务满意度为 83%，非 "211" 本科院校为 82%。

8. 2014 届本科毕业生认为母校的生活服务需要改进的地方是"食堂饭菜质量及服务不够好"（48%），其次是"学校医院或医务室服务不够好"（35%）。

二 校友推荐度

2014 届大学毕业生对母校的推荐度为 63%，比 2013 届（60%）高 3 个百分点，比 2012 届（59%）高 4 个百分点。其中，本科院校毕业生对母校的推荐度为 64%，比 2013 届、2012 届（均为 61%）均高 3 个百分点；高职高专院校为 61%，比 2013 届（58%）高 3 个百分点，比 2012 届（57%）高 4 个百分点。从近三届的趋势可以看出，大学毕业生对母校的推荐度呈现上升趋势。

第九章 社团活动及素养

一 社团活动

2014 届本科毕业生在校期间参与度最高的社团活动为"公益类"（31%），其次为"体育户外类"（18%）。有 24% 的本科毕业生没有参加任何社团活动。在对参加的各类社团活动进行评价时，2014 届本科毕业生满意度最高的活动为"公益类"（83%）。

二 素养

1. 2014 届本科工程类专业毕业生认为在校期间大学对自己素养提升较高的方面为"团队合作"（61%）、"人生的乐观态度"（60%）、"积极努力、追求上进"（57%）；此外，还有 4% 的本科工程类专业毕业生认为大学对素养的提升没有任何帮助。

2. 2014 届本科艺术类专业毕业生认为在校期间大学对自己素养提升较高的方面为"艺术修养"（72%）、"人生的乐观态度"（59%）、"积极努力、追求上进"（58%）；此外，还有 3% 的本科艺术类专业毕业生认为大学对素养的提升没有任何帮助。

3. 2014 届本科医学类专业毕业生认为在校期间大学对自己素养提升较高的方面为"健康卫生"（58%）、"积极努力、追求上进"（57%）、"人生的乐观态度"（56%）、"职业道德"（54%）；此外，还有3%的本科医学类专业毕业生认为大学对素养的提升没有任何帮助。

4. 2014届本科其他类专业毕业生认为在校期间大学对自己素养提升较高的方面为"积极努力、追求上进"（60%）、"人生的乐观态度"（60%）、"包容精神"（54%）；此外，还有3%的本科其他类专业毕业生认为大学对素养的提升没有任何帮助。

分报告二　本科毕业生中期职业发展报告

第一章　三年后毕业去向

一　总体分布

2011届大学生毕业三年后有87.8%受雇全职工作（本科为90.3%，高职高专为85.4%），5.5%的人自主创业（本科为3.3%，高职高专为7.7%），2.3%的人正在读研（本科为3.7%，高职高专为0.8%），2.2%的人"无工作，继续寻找工作"（本科为1.4%，高职高专为3.0%），还有2.1%的人无工作，且既没有求职也没有求学（本科为1.3%，高职高专为2.9%），有0.2%的高职高专毕业生正在读本科。

二　职业分布

1. 有41%的2011届大学生毕业三年内转换了职业（本科为33%，高职高专49%），与2010届三年内该指标（41%）持平。

2. 在2011届本科主要学科门类中，农学和文学门类的本科生毕业三年内的职业转换率最高（均为41%），其次是教育学（35%）；医学门类的职业转换率最低（19%）。

3. 在2011届本科生毕业三年内转换过的职业类中，被转入最多的是"销售"（13.6%），其次为"行政/后勤"（9.6%）。

三　行业分布

1. 有48%的2011届大学生在毕业三年内转换了行业（本科为41%，

高职高专为55%），与2010届三年内该指标（48%）持平。

2. 在2011届本科主要学科门类中，文学门类的毕业生三年内的行业转换率最高（47%），其次是农学（46%）；医学门类的行业转换率最低（21%）。

3.2011届本科生毕业三年内转换行业中被转入最多的行业类是"媒体、信息及通信产业"（10.3%），其次为"政府及公共管理"（9.9%）。

第二章　三年后就业质量

一　就业满意度

1.2011届大学生毕业三年后的就业满意度为50%，即在就业的毕业生中，有50%对自己的就业现状表示满意（本科为52%，高职高专为47%），比2010届该指标（43%）增长了7个百分点。

2.2011届本科生毕业三年后就业满意度最高的学科门类是法学（56%），就业满意度最低的学科门类是农学（49%）。

3.2011届本科生毕业三年后就业满意度最高的职业类是"律师/律政调查员"（63%），就业满意度最低的职业类是"服装/纺织/皮革"（36%）。

4.2011届本科生毕业三年后就业满意度最高的行业类是"金融（银行/保险/证券）业"（60%），就业满意度最低的行业类是"机械五金制造业"、"初级金属制造业"（均为41%）。

5.2011届本科生毕业三年后就业满意度最高的用人单位类型是"政府机构/科研或其他事业单位"（59%），就业满意度最低的用人单位类型是"民营企业/个体"（47%）。

二　薪资分析

1.2011届大学生毕业三年后平均月收入为5484元（本科为6155元，高职高专为4812元）。2011届毕业生半年后的月收入为2766元（本科为3051元，高职高专为2482元），三年来月收入增长2718元，涨幅为98%。其中，本科增长3104元，涨幅为102%；高职高专增长2330元，涨幅为94%。

2.2011届本科生毕业三年后有14.2%的人月收入达到了10000元及以

上，有6.1%的人月收入在3000元以下。

3. 2011届本科生毕业三年后学历提升为硕士的比例为13.5%，高职高专生毕业三年后学历提升为本科的比例为30.7%。

4. 2011届大学毕业生在毕业三年后学历提升人群的月收入为5394元，略低于学历一直未提升人群的月收入（5518元）。其中，本科毕业三年后学历为硕士人群的月收入为6088元，学历仍然为本科人群的月收入为6180元。高职高专毕业三年后学历为本科人群的月收入为4699元，学历仍然为高职高专人群的月收入为4855元。提升学历人群可能因毕业时间短还不能展示学历提升带来的更大的教育回报。

5. 2011届本科学科门类中毕业三年后月收入最高的是工学，为6741元，高于该学科门类半年后月收入（3297元）3444元；三年后月收入最低的是教育学（5290元），高于该学科门类半年后月收入（2621元）2669元。

6. 2011届本科生毕业三年后从事"互联网开发及应用"职业类的三年后月收入最高，为8289元，高于半年后从事该职业类的本科毕业生月收入（3954元）4335元，涨幅为110%。毕业三年后月收入最低的是从事"中小学教育"类的本科毕业生，为4497元，高于毕业半年后从事该职业类的本科毕业生月收入（2605元）1892元。

7. 2011届本科生毕业三年后在"媒体、信息及通信产业"就业的毕业生月收入最高，为7561元，高于半年后在该行业类就业的毕业生月收入（3508元）4053元；毕业三年后月收入最低的是就业于"政府及公共管理"的本科毕业生，为4543元，月收入涨幅也最小，高于半年后在该行业类就业的毕业生月收入（2669元）1874元。

8. 2011届本科生毕业后在"中外合资/外资/独资"单位就业的三年后月收入（7364元）最高；而在"民营企业/个体"就业的三年后月收入涨幅比例最大，为123%。

9. 2011届本科生毕业后在3000人以上规模的大型用人单位就业的三年后月收入最高（6992元）。

10. 2011届本科生毕业三年后在泛珠江三角洲区域经济体就业的月收入

最高（6922 元），比毕业半年后增长 3597 元，涨幅为 108%；在中原区域经济体就业的本科生毕业三年后月收入最低（5062 元），比毕业半年后增长 2472 元，涨幅最小，为 95%。

三　职位晋升

1. 2011 届大学生毕业三年内有 57% 的人获得职位晋升。其中本科这一比例为 54%，低于高职高专毕业生的晋升比例（60%）。

2. 2011 届本科农学门类毕业生三年内获得职位晋升的比例最高（58%），医学门类获得职位晋升的比例最低（46%）。

3. 2011 届本科从事"房地产经营"职业类的毕业生三年内获得职位晋升的比例最高（76%），从事"公安/检察/法院/经济执法"职业类的毕业生职位晋升的比例最低（32%）。

4. 2011 届本科在"住宿和饮食业"就业的毕业生毕业三年内获得职位晋升的比例最高（73%），在"政府及公共管理"领域就业的毕业生职位晋升的比例最低（32%）。

5. 2011 届大学生毕业三年内平均获得职位晋升 0.9 次，其中本科为 0.8 次，略低于高职高专毕业生（1.0 次）。

6. 2011 届本科生毕业三年内，有 32% 获得过 1 次晋升，有 7% 获得过 3 次及以上的晋升。

7. 2011 届本科农学门类的毕业生三年内获得职位晋升的次数最多（1.0 次），医学门类的本科生毕业三年内获得职位晋升的次数最少（0.6 次）。

8. 2011 届本科从事"房地产经营"职业类的毕业生三年内获得职位晋升的次数最多（1.5 次），从事"公安/检察/法院/经济执法"职业类的毕业生职位晋升次数最少（0.4 次）。

9. 2011 届本科在"住宿和饮食业"就业的毕业生三年内获得职位晋升的次数最多（1.4 次），在"政府及公共管理"领域就业的毕业生获得职位晋升的次数最少（0.4 次）。

10. 2011 届本科毕业生职位晋升的类型主要是薪资的增加（76%）、工作职责的增加（73%）。

11. 2011 届本科毕业生认为对职位晋升有帮助的大学活动主要是课外自学的知识和技能（含培训）（45%）、课堂上所学的知识和技能（36%）。

四　工作与专业相关度

1. 2011 届大学生毕业三年后工作与专业相关度为 61%，比 2011 届半年后（64%）低 3 个百分点，与 2010 届三年后（62%）基本持平。其中，本科毕业三年后工作与专业相关度为 65%，比毕业半年后（67%）低 2 个百分点；高职高专毕业三年后工作与专业相关度为 56%，比毕业半年后（60%）低 4 个百分点。

2. 在本科学科门类中，毕业三年后工作与专业相关度最高的是医学（85%），其次是工学（69%），农学门类毕业三年后工作与专业相关度最低（49%）。法学门类毕业三年后工作与专业相关度（59%）比毕业半年后（48%）提高了 11 个百分点。

五　雇主数

1. 2011 届大学毕业生毕业三年内平均为 2.3 个雇主工作过，其中本科毕业生的平均雇主数为 2.0 个，低于高职高专毕业生的平均雇主数（2.5 个）。

2. 2011 届本科的艺术类毕业生三年内平均雇主数最多（2.4 个），本科地矿类、临床医学与医学技术类、水利类和护理学类毕业生平均雇主数（均为 1.6 个）最少。

3. 有 38% 的本科生毕业三年内仅为 1 个雇主工作过，33% 有 2 个雇主，8% 有 4 个及以上雇主。

4. 在 2011 届本科毕业生中，毕业三年内一直为 1 个雇主工作的毕业生月收入最高（6494 元）。工作过的雇主数越多，其月收入反而越低；为 5 个及以上雇主工作过的本科生毕业三年后月收入最低，仅为 5535 元。

第三章　三年后基本工作能力

2011 届本科生毕业三年后认为重要的工作能力包括有效的口头沟通、积极学习、学习方法、协调安排、时间管理、解决复杂的问题、理解他人、积极聆听、谈判技能等。

第四章　三年后自主创业

一　自主创业人群分布

1. 2011届大学生毕业半年后有1.6%的人自主创业（本科为1.0%，高职高专为2.2%）[①]，三年后有5.5%的人自主创业（本科为3.3%，高职高专为7.7%），与2010届相比，有更多的毕业生在毕业三年内选择了自主创业。

2. 毕业半年后自主创业的2011届本科毕业生中有44.8%的人三年后还在继续自主创业，比2010届（41.1%）增长了3.7个百分点；有49.6%的人选择了受雇全职工作，比2010届（53.4%）减少了3.8个百分点。

3. 2011届本科生毕业三年后自主创业的人群在毕业半年后有75.6%处于受雇全职/半职工作状态，比2010届（77.4%）减少了1.8个百分点；有11.5%的人在毕业半年后自主创业，比2010届（9.5%）增长了2.0个百分点。

4. 2011届本科生毕业三年后自主创业人群的月收入为9040元，比2010届该指标（8424元）高7%，比2011届本科生毕业三年后平均月收入（6155元）高47%。

二　自主创业人群职业、行业分布

2011届本科生毕业三年后自主创业的职业主要集中在"总经理和日常主管"（8.7%），其次是"销售经理"（5.0%）。2011届本科生毕业三年后自主创业的行业主要集中在"中小学教育机构"（4.8%），其次是"其他个人服务业"（4.6%）。

三　自主创业人群最重要的基本工作能力

2011届大学生毕业三年后自主创业人群认为创业最重要的基本工作能力是：有效的口头沟通、积极学习、时间管理、谈判技能、学习方法、理解他人和协调安排。

---

① 麦可思研究院编著《2012年中国大学生就业报告》，社会科学文献出版社，2012。

第五章　培训

一　接受培训的类型

2011 届本科生毕业三年内有 57% 接受过雇主提供的培训，10% 接受过自费培训，17% 既接受过自费培训又接受过雇主提供的培训，还有 16% 的人两类培训都没有接受过。

二　接受培训的原因

2011 届本科生毕业三年内接受自费培训前三位的原因是为了提升个人综合素质（75%）、在现有工作单位做好工作或晋升（48%）、为转换职业和行业做准备（39%）。

三　接受培训的内容

2011 届本科生毕业三年内接受的最主要的自费培训是从业资格证书培训（60%）。2011 届本科生毕业三年内接受的最主要的雇主培训是岗位技能和知识培训（92%）、公司文化和价值观培训（64%）。

第六章　校友评价

2011 届本科生在毕业三年后认为母校专业教学中最需要改进的前三位是实习和实践环节不够（47%）、课程内容不实用或陈旧（19%）、无法调动学生学习兴趣（16%）。

分报告三　专题研究：本科毕业生需求变化趋势分析

一　失业比例逐年下降

1. 2010～2014 届本科毕业生失业比例五年来呈下降趋势，从 8.1% 降至 6.4%。数据表明，这五年的下降主要由"无工作，继续寻找工作"的下降所驱动，有求职意愿的毕业生通过继续寻找，在毕业半年后找到一份工作的机会逐年提高，反映了劳动力市场对本科毕业生的需求增长。

2. 失业比例下降的一个原因是毕业去向的分流。对非失业的毕业生去向进行细分，全职工作的比例呈下降趋势，"自主创业"、"正在国内读研"与"正在港澳台及国外读研"的比例持续上升，其余去向基本持平。这些数据表明，本科毕业生的去向正在从"单一出口"（即"受雇全职工作"）向"多口径分流"（即"自主创业" + "正在国内读研" + "正在港澳台及国外读研"）转变。这说明在《教育中长期改革发展纲要2010~2020》出台之后，鼓励大学生创新创业的各项相关举措取得了初步成效，在五年之内，本科毕业生的创业比例倍增，国内读研比例的涨幅超过七成。另外，在创业的2014届本科毕业生中，有48%是出于创业梦想而自主创业，远远高于7%因为就业压力而被动创业的人数比例。在国内读研的2014届本科毕业生中，22%是出于学术追求，也高于18%因为就业压力而被动读研的人数比例。

3. 失业比例下降的另一个原因是产业升级对受过本科教育的劳动力的需求增长。2010~2014届本科毕业生的就业率在大部分学科门类都有所上升。根据麦可思调查，9个主要学科门类有这五年就业率的完整数据，其中7个都呈上升趋势。尤其是医学类，从89.3%提高到92.8%，以增加3.5个百分点领跑，紧随其后的是教育类（增加了2.8个百分点）。

二 平均月收入逐年上升，跑赢通货膨胀

1. 2010~2014届本科毕业生的平均月收入从2815元增长到3773元，增幅为34%。考虑到通货膨胀因素，在根据CPI（即消费者物价指数，衡量通货膨胀程度的重要指标之一）进行调整后，2010~2014届本科毕业生的平均月收入从2815元增长到3334元，增幅为18%。这表明在剔除通货膨胀的影响之后，本科毕业生的实际收入水平仍然有明显提高。在这五年里，失业比例逐年下降，月收入逐年上升，这两大趋势同时出现，有力地证明了劳动力市场对本科毕业生的需求增长，整体上没有出现"为了降低失业比例而接受低收入"的低就业现象。

2. 从月收入的分布情况来看，2010~2014届本科毕业生的月收入峰值从2500元以下的低收入区间向3500元左右的中等收入区间移动。数据表明，本科毕业生里的"蚁族"现象在过去五年有所缓解，2010~2014届本

科毕业生月收入在 2500 元（含）以下的所占比例逐年明显减少，依次为 40.9%（2010 届）、33.1%（2011 届）、24.9%（2012 届）、17.9%（2013 届）、15.1%（2014 届）。

三　支持城市化进程、产业升级与中小型民企发展

（一）近五成在地级市及以下的地区就业

从毕业去向的城市类型来看，2010～2014 届本科毕业生在地级市及以下就业的比例基本持平。数据表明，在过去五年里，本科毕业生的就业城市分布已经初步出现"重心下沉"，就业比例在直辖市为两成左右，在副省级城市有三成，在地级市及以下的地区接近五成。如果加强这方面的政策引导，大学毕业生去向与城市化进程的不匹配现象有望得到进一步缓解。

（二）医疗、教育和建筑人才需求出现增长

从毕业生从事的主要职业与主要行业这两个指标来看，医疗、教育和建筑这三个产业在过去五年对本科毕业生的需求出现了明显增长，而在金融和制造这两个产业出现了明显下降。在出现增长的产业里，建筑比较特殊，其人才需求在 2012 届和 2013 届有明显的上升，之前两年和后一年均出现波动。参考麦肯锡报告，建筑也是属于增长较快的产业，2010～2020 年的高技能人才需求量将增长 300 万，因此与此处结论并不相悖。在出现下降的产业里，金融主要是受 2009 年经济危机之后的"救市"资金影响，在 2010 届的就业比例处于峰值，此后逐年下降。这也与股市等金融市场前几年低迷的整体趋势方向一致，直到 2014 年下半年才开始回暖。另外，以加工为主的劳动密集型制造业，例如机械五金、电子电器等，就业比例也呈下降趋势。参考麦肯锡报告，珠江三角洲的低端制造业劳动力成本在 2011 年和 2012 年分别上涨了 11% 和 8%，迫使雇主把工厂搬到了劳动力成本更低的印度或越南，这个行业里对高级专门人才或管理人才的需求也相应减少。这是本科毕业生在制造业就业比例下降的一个原因。如果这些本科毕业生不能通过学校的培养和自身的努力，满足现代服务业（例如医疗、教育、金融）和高端制造业对人才在知识、技能、素养方面的要求，那么出现毕业生供给与产业

升级不匹配风险的机会就比较多。

（三）五成左右在中小型民企就业

从雇主类型来看，本科毕业生在民营企业的就业比例呈上升趋势，五年上涨 10 个百分点，已接近五成。其他类型的雇主需求也有所变化，其中国企和外企的需求下降明显。2010～2014 届本科毕业生中，在国有企业的就业比例从 31% 下降到 23%，在中外合资/外资/独资企业就业的比例从 17% 下降到 11%，这种趋势反映了在过去五年里国企在酝酿及进行的新一轮战略重组，也与前面提到的劳动力成本上升带来的外资撤离的经济形势方向一致。

从雇主规模来看，这五年来，本科毕业生主要从大型企业流向了中小型企业。2010～2014 届本科毕业生中，在 300 人以下中小型企业就业的人数比例呈上升趋势（从 35% 增长到 47%），在 3001 人以上大型企业就业的人数比例呈下降趋势（从 36% 下降到 26%）。参考麦肯锡报告，这些中小型企业通常无法提供大型企业那样系统、专业的入职培训，需要毕业生最好上岗就具有"可雇佣能力"，能有效沟通、解决复杂问题等。结合麦可思数据，2010～2014 届本科毕业生认为"有效的口头沟通能力"重要度持平在 76% 左右，满足度略有下降，从 86% 降到 83%；毕业生认为"解决复杂问题的能力"重要度略有上升，从 67% 升到 69%，满足度也略有下降，从 84% 降到 82%。这种"可雇佣能力"的培养需要一定时间的积累，在短期内难以出现明显提升。如果出现了部分能力的"短板"并长期不能得到弥补，例如前面提到这些能力满足度的下降，就会出现毕业生供给与雇主期待不匹配的现象。

分报告一　应届本科毕业生就业报告

B.3

第一章

毕业去向

结论摘要

一　总体毕业去向分布

1. 在 2014 届大学毕业生中，有 80.6% 的人毕业半年后受雇全职或半职工作，2.9% 的人自主创业，0.4% 的人入伍；有 8.9% 的人升学，其中 5.9% 正在国内读研，0.9% 正在港澳台及国外读研，2.1% 正在读本科；有 7.2% 的人处于失业状态，其中 0.9% 的人准备国内外读研，3.7% 的人准备继续寻找工作，还有 2.6% 放弃了继续求职和求学。

2. 2014 届大学生毕业半年后"受雇全职工作"的比例（79.2%）与

2013 届、2012 届（分别为 80.6%、81.3%）相比有所下降；"自主创业"的比例（2.9%）、"正在读研/读本"的比例（8.9%）与 2013 届、2012 届（"自主创业"分别为 2.3%、2.0%，"正在读研/读本"分别为 8.0%、7.1%）相比有所提升；而"无工作，继续寻找工作"的比例（3.7%）与 2013 届、2012 届（分别为 4.7%、5.3%）相比有所下降，失业状态人群连续三届呈下降趋势。

二 各类型院校毕业去向分布

1. 2014 届本科生毕业半年后"受雇全职工作"的比例（76.6%）与 2013 届、2012 届（分别为 78.6%、79.5%）相比有所下降，连续三届呈下降趋势；"自主创业"的比例（2.0%）与 2013 届、2012 届（均为 1.2%）相比有所提升，呈现明显上升趋势；"正在国内外读研"的比例（13.6%）与 2013 届、2012 届（分别为 12.2%、10.9%）相比有所提升，连续三届呈上升趋势。

2. 2014 届"211"院校毕业生毕业半年后"受雇全职工作"的比例（64.4%）与 2013 届、2012 届（分别为 66.7%、68.8%）相比有所下降，连续三届呈下降趋势；"正在国内外读研"的比例（28.7%）与 2013 届、2012 届（分别为 26.9%、24.4%）相比有所提升，连续三届呈上升趋势。

3. 2014 届非"211"本科生毕业半年后"受雇全职工作"的比例（79.1%）与 2013 届、2012 届（分别为 81.0%、81.7%）相比有所下降，连续三届呈下降趋势；"自主创业"的比例（2.2%）与 2013 届、2012 届（均为 1.3%）相比有所提升，呈现明显上升趋势；"正在国内外读研"的比例（10.6%）与 2013 届、2012 届（分别为 9.2%、8.2%）相比有所提升，连续三届呈上升趋势。

三 就业地分布

2014 届本科生毕业半年后就业区域主要集中在泛长江三角洲区域（包括上海、江苏、浙江、江西、安徽），占 27.9%；泛渤海湾区域（包括北京、天津、山东、河北、内蒙古、山西），占 22.1%；泛珠江三角洲区域

（包括广东、广西、福建、海南），占 18.9%。

四 就业城市类型

2014 届大学生毕业半年后有 18% 在直辖市就业，28% 在副省级城市就业，54% 在地级城市及以下就业。其中本科毕业生比高职高专毕业生在直辖市就业的比例高 8 个百分点（分别为 22% 和 14%）。我国大学生连续三届就业的城市类型分布比较稳定，没有数据表明现在的大学毕业生和之前的相比，在不同类型城市的就业比例存在明显差异。

一 总体毕业去向分布

大学毕业生：本科院校、高职高专院校的毕业生。

毕业半年后：2014 届毕业生毕业第二年（即 2015 年）的 1 月。麦可思在此时展开调查，收集数据。此时毕业生的就业状况趋于稳定，有工作经历的毕业生也能够评估工作对自己知识、能力的要求水平。

毕业去向分布：麦可思将中国本科毕业生的毕业状况分为十类：受雇全职工作；受雇半职工作；自主创业；毕业后入伍；正在国内读研；正在港澳台地区及国外读研；无工作，准备国内读研；无工作，准备到港澳台地区及国外读研；无工作，继续寻找工作；无工作，其他。同理将中国高职高专毕业生的毕业状况分为七类：受雇全职工作；受雇半职工作；自主创业；毕业后入伍；毕业后读本科；无工作，继续寻找工作；无工作，其他。其中，受雇全职工作指平均每周工作 32 小时或以上。受雇半职工作指平均每周工作 20 小时到 31 小时。

已就业人群：包括"受雇全职工作"、"受雇半职工作"、"自主创业"、"毕业后入伍"四类人群。

图 1－1－1 是 2014 届大学生毕业半年后的去向分布。可以看出，在 2014 届大学毕业生中，有 80.6% 的人毕业半年后受雇全职或半职工作，2.9% 的人自主创业，0.4% 的人入伍；有 8.9% 的人升学，其中 5.9% 正在

国内读研，0.9%正在港澳台及国外读研，2.1%的正在读本科；有7.2%的人处于失业状态，其中0.9%的准备国内外读研，3.7%的准备继续寻找工作，还有2.6%的放弃了继续求职和求学。

图1-1-2是2012～2014届大学生毕业半年后的去向分布变化。可以看出，2014届大学生毕业半年后"受雇全职工作"的比例（79.2%）与2013届、2012届（分别为80.6%、81.3%）相比有所下降；"自主创业"的比例（2.9%）、正在读研/读本科的比例（8.9%）与2013届、2012届（"自主创业"分别为2.3%、2.0%，正在读研/读本科分别为8.0%、7.1%）相比有所提升；而"无工作，继续寻找工作"的比例（3.7%）与2013届、2012届（分别为4.7%、5.3%）相比有所下降，失业状态人群连续三届呈下降趋势。

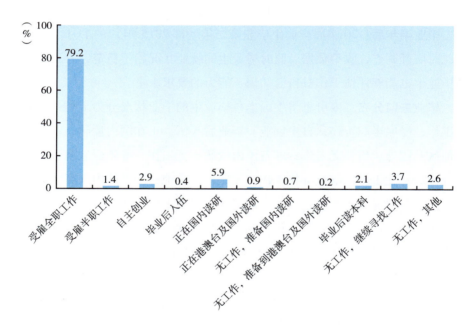

图1-1-1 2014届大学生毕业半年后的去向分布 *

* "毕业后入伍"是2014届新增选项。

数据来源：麦可思–中国2014届大学毕业生社会需求与培养质量调查。

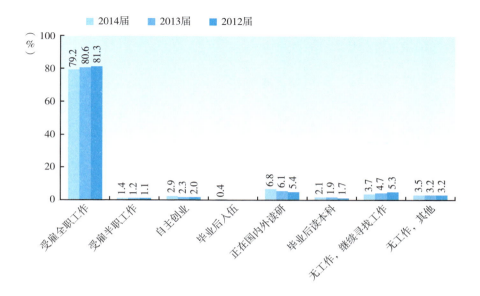

图 1 – 1 – 2　2012 ～ 2014 届大学生毕业半年后的去向分布变化*

* "毕业后入伍"是 2014 届新增选项。
数据来源：麦可思 – 中国 2012 ～ 2014 届大学毕业生社会需求与培养质量调查。

二　各类型院校毕业生毕业去向分布

"211"院校：1993 年 2 月 13 日中共中央、国务院印发的《中国教育改革和发展纲要》及国务院《关于〈中国教育改革和发展纲要〉的实施意见》中确定，国家要面向 21 世纪，重点建设 100 所左右的高等学校和一批重点学科点。迄今为止，全国共批准"211"院校 112 所。

非"211"本科院校：中国除"211"院校以外的所有本科院校。

图 1 – 1 – 3 是 2012 ～ 2014 届本科院校毕业生毕业半年后的去向分布变化。可以看出，2014 届本科生毕业半年后"受雇全职工作"的比例（76.6%）与 2013 届、2012 届（分别为 78.6%、79.5%）相比有所下降，连续三届呈下降趋势；"自主创业"的比例（2.0%）与 2013 届、2012 届（均为 1.2%）相比有所提升，呈现明显上升趋势；正在国内外读研的比例

（13.6%）与 2013 届、2012 届（分别为 12.2%、10.9%）相比有所提升，连续三届呈上升趋势。

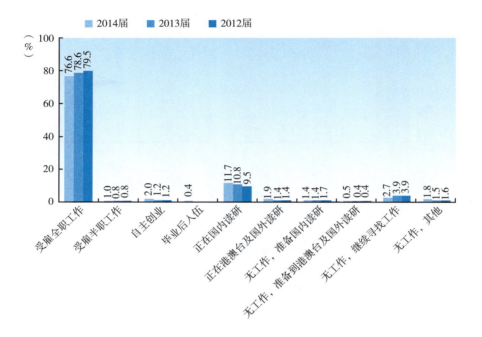

图 1 - 1 - 3　2012～2014 届本科院校毕业生毕业半年后的去向分布变化 *

* "毕业后入伍" 是 2014 届新增选项。
数据来源：麦可思 - 中国 2012～2014 届大学毕业生社会需求与培养质量调查。

图 1 - 1 - 4 是 2012～2014 届 "211" 院校毕业生毕业半年后的去向分布变化。可以看出，2014 届 "211" 院校毕业生半年后 "受雇全职工作" 的比例（64.4%）与 2013 届、2012 届（分别为 66.7%、68.8%）相比有所下降，连续三届呈下降趋势；正在国内外读研的比例（28.7%）与 2013 届、2012 届（分别为 26.9%、24.4%）相比有所提升，连续三届呈上升趋势。

图 1 - 1 - 5 是 2012～2014 届非 "211" 本科院校毕业生毕业半年后的去向分布变化。可以看出，2014 届非 "211" 本科生毕业半年后 "受雇全职工作" 的比例（79.1%）与 2013 届、2012 届（分别为 81.0%、81.7%）相

比有所下降，连续三届呈下降趋势；"自主创业"的比例（2.2%）与2013届、2012届（均为1.3%）相比有所提升，呈现明显上升趋势；正在国内外读研的比例（10.6%）与2013届、2012届（分别为9.2%、8.2%）相比有所提升，连续三届呈上升趋势。

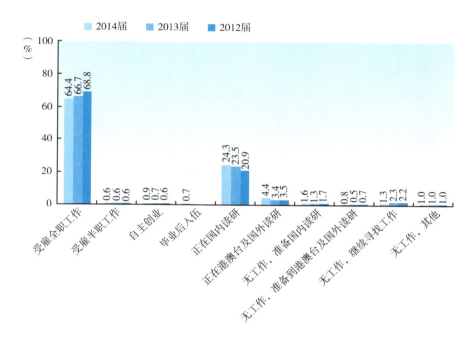

图1-1-4 2012~2014届"211"院校毕业生毕业半年后的去向分布变化*

* "毕业后入伍"是2014届新增选项。

数据来源：麦可思-中国2012~2014届大学毕业生社会需求与培养质量调查。

三 就业地分布

就业地：指大学毕业生在接受调查时的就业所在地区。

经济区域：本研究把中国内地31个省、直辖市和自治区分为八个经济体区域。

a. 东北区域经济体：包括黑龙江、吉林、辽宁；

b. 泛渤海湾区域经济体：包括北京、天津、山东、河北、内蒙古、山西；

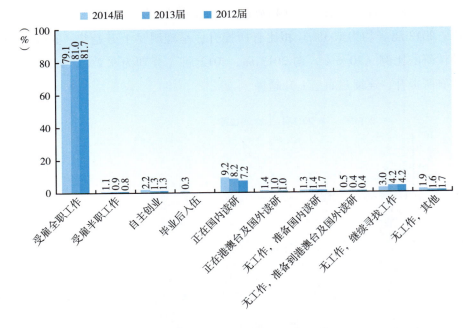

图 1 - 1 - 5　2012～2014 届非"211"本科院校毕业生毕业半年后的去向分布变化***

* "毕业后入伍"是 2014 届新增选项。
数据来源：麦可思 - 中国 2012～2014 届大学毕业生社会需求与培养质量调查。

　　c. 陕甘宁青区域经济体：包括陕西、甘肃、宁夏、青海；

　　d. 中原区域经济体：包括河南、湖北、湖南；

　　e. 泛长江三角洲区域经济体：包括上海、江苏、浙江、江西、安徽；

　　f. 泛珠江三角洲区域经济体：包括广东、广西、福建、海南；

　　g. 西南区域经济体：包括重庆、四川、贵州、云南；

　　h. 西部生态经济区：包括西藏、新疆。

　　图 1 - 1 - 6 是 2014 届本科毕业生就业地的分布。可以看出，2014 届本科生毕业半年后就业区域主要集中在泛长江三角洲区域（包括上海、江苏、浙江、江西、安徽），占 27.9%；泛渤海湾区域（包括北京、天津、山东、河北、内蒙古、山西），占 22.1%；泛珠江三角洲区域（包括广东、广西、福建、海南），占 18.9%。

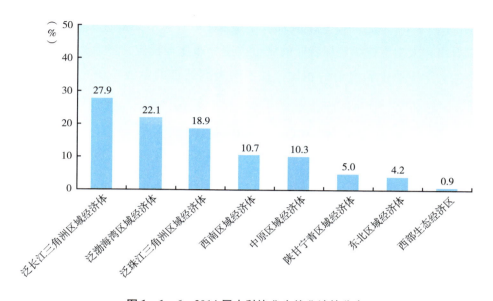

图 1 - 1 - 6 2014 届本科毕业生就业地的分布

数据来源：麦可思 – 中国 2014 届大学毕业生社会需求与培养质量调查。

四 就业城市类型

城市类型： 本研究按行政级别把中国内地城市分为以下三种类型。

a. 直辖市：包括北京、上海、天津、重庆。

b. 副省级城市：包括哈尔滨、长春、沈阳、大连、济南、青岛、南京、杭州、宁波、厦门、广州、深圳、武汉、成都、西安 15 个城市。部分省会城市不属于副省级城市。

c. 地级城市及以下：如绵阳、保定、苏州等，也包括省会城市如福州、银川等以及地级市下属的县、乡等。

图 1 - 1 - 7 是 2014 届大学毕业生的就业城市类型分布。可以看出，2014 届大学生毕业半年后有 18% 在直辖市就业，28% 在副省级城市就业，54% 在地级城市及以下就业。其中本科毕业生比高职高专毕业生在直辖市就业的比例高 8 个百分点（分别为 22% 和 14%）。

图 1 – 1 – 8 是 2012～2014 届大学毕业生就业城市类型的分布变化。可以看出，大学生连续三届就业的城市类型分布比较稳定，没有数据表明现在的大学毕业生和之前的相比，在不同类型城市的就业比例存在明显差异。

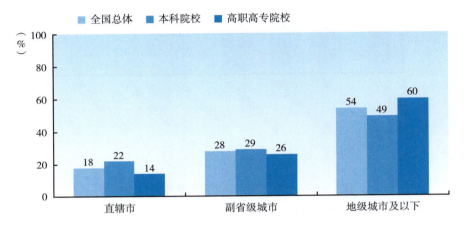

图 1 – 1 – 7　2014 届大学毕业生的三类就业城市分布

数据来源：麦可思 – 中国 2014 届大学毕业生社会需求与培养质量调查。

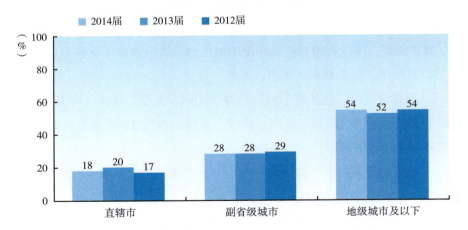

图 1 – 1 – 8　2012～2014 届大学毕业生的三类就业城市分布变化

数据来源：麦可思 – 中国 2012～2014 届大学毕业生社会需求与培养质量调查。

B.4

第二章

就业数量

结论摘要

一 总体就业率

1. 2014届大学生毕业半年后的就业率（92.1%）比2013届（91.4%）略有上升，比2012届（90.9%）上升1.2个百分点。其中，本科院校2014届毕业生毕业半年后的就业率为92.6%，比2013届、2012届（分别为91.8%、91.5%）均有所上升（分别上升0.8、1.1个百分点）；高职高专院校2014届毕业生毕业半年后的就业率为91.5%，比2013届（90.9%）略有上升，比2012届（90.4%）上升1.1个百分点。从近三届的趋势可以看出，大学毕业生毕业半年后就业率呈现上升趋势。

2. "211"院校2014届毕业生毕业半年后的非失业率为95.3%，比2013届（94.9%）略有上升，比2012届（94.4%）上升0.9个百分点，连续三届呈上升趋势；非"211"本科院校2014届毕业生毕业半年后的就业率为92.5%，比2013届（91.6%）上升0.9个百分点，比2012届（91.3%）上升1.2个百分点，连续三届呈上升趋势。

3. 2014届泛长江三角洲区域经济体本科院校毕业生毕业半年后的就业率最高（93.6%），东北区域经济体最低（90.2%）。

二 专业分析

1. 2014届本科生毕业半年后就业率最高的学科门类是管理学（93.4%），最低的是法学（88.4%）。2014届本科生毕业半年后就业率最高的专业类是护理学类（97.0%），最低的是法学类（87.0%）。从三届的就业率变化趋势可以看出，本科学科门类中的医学、文学、农学毕业半年后就业率持续上升。

2. 2014 届本科生毕业半年后就业率前三位的专业是护理学（97.0%）、建筑环境与设备工程（96.8%）、医学影像学（95.9%）。

三 职业分析

1. 2014 届本科生毕业半年后从事最多的职业类是"财务/审计/税务/统计"，就业比例为 8.1%，其后是"销售"（7.8%）、"行政/后勤"（7.6%）和"建筑工程"（7.6%）。与 2012 届相比，2014 届本科毕业生就业比例增加最多的职业类为"中小学教育"和"医疗保健/紧急救助"，均增加了 2.7 个百分点；就业比例降低最多的职业类为"财务/审计/税务/统计"，降低了 2.3 个百分点。

2. 从三届的就业趋势中可以看出，在就业比例排名前五位的职业类中，本科毕业生从事"中小学教育"职业类的比例逐届增加，从事"行政/后勤"职业类的比例逐届降低。

四 行业分析

1. 2014 届本科生毕业半年后就业最多的行业类是"教育业"（10.6%），其次是"建筑业"（10.2%）。与 2012 届相比，2014 届本科毕业生就业比例增加最多的行业类为"教育业"，增加了 3.4 个百分点；就业比例降低最多的行业类是"金融（银行/保险/证券）业"，降低了 2.7 个百分点。

2. 从三届的就业趋势可以看出，在就业比例排名前五位的行业类中，本科毕业生在"教育业"行业类就业的比例逐届增加，在"媒体、信息及通信产业"、"金融（银行/保险/证券）业"行业类就业的比例逐届降低。

五 用人单位分析

1. "民营企业/个体"是 2014 届大学毕业生就业最多的用人单位类型，本科院校中有 50% 的毕业生就业于"民营企业/个体"，高职高专院校中有 65% 的毕业生就业于"民营企业/个体"。

2. 2014 届大学毕业生就业比例最高的用人单位规模是 300 人及以下规模的中小型用人单位（51%），其中本科毕业生这一比例为 47%，高职高专毕业生为 56%。

六 未就业分析

1. 2014 届大学生毕业半年后的失业率（7.9%）比 2013 届（8.6%）下降

0.7 个百分点，比 2012 届（9.1%）下降 1.2 个百分点。其中，本科院校 2014 届毕业生失业率（7.4%）比 2013 届（8.2%）下降 0.8 个百分点，比 2012 届（8.5%）下降 1.1 个百分点；高职高专院校 2014 届毕业生失业率（8.5%）比 2013 届（9.1%）下降 0.6 个百分点，比 2012 届（9.6%）下降 1.1 个百分点。从近三届的趋势可以看出，大学生毕业半年后失业率呈现下降趋势。

2. 2014 届本科毕业生失业率最高的专业为应用物理学（15.2%），其次为表演、音乐表演（均为 13.4%）。

3. 在 2014 届各类院校毕业生的未就业人群中，大多数毕业生还在继续找工作。本科院校处于未就业状态的毕业生（6.4%）中有 28% 为"待定族"（不求学不求职），高职高专院校处于未就业状态的毕业生（8.1%）中有 42% 为"待定族"。

4. 在 2014 届本科院校毕业半年后的"待定族"中，有 25% 的毕业生在准备公务员考试，有 12% 的毕业生准备创业。在高职高专院校毕业半年后的"待定族"中，有 22% 的毕业生准备创业，有 8% 的毕业生在准备公务员考试。

一 总体就业率

就业率：本科毕业生的就业率=已就业本科毕业生数/需就业的总本科毕业生数；需要注意的是，按劳动经济学的就业率定义，已就业人数不包括国内外读研人数，需就业的总毕业生数也不包括国内外读研的人数；政府教育机构统计的就业率通常包括国内外读研人数，也就是本报告中的非失业率。

高职高专毕业生的就业率=已就业高职高专毕业生数/需就业的总高职高专毕业生数；其中，已就业人数不包括读本科人数，需就业的总毕业生数也不包括读本科人数。

非失业率：非失业率是以全体大学毕业生为计算基数，把就业和正在国内外读研的人群都算为非失业，主要可以用来评估"211"院校的毕业生状况。就业率的计算对"211"院校不科学，因为计算就业率时分子分母同时剔除读研人数，造成读研的毕业生越多，就业率就越低。所以非失业率才是评估"211"院校的科学指标。非失业率 = (已就业毕业生数 + 正在读研与留学毕业生数)/毕业生总数。

图 1 - 2 - 1 是 2012 ~ 2014 届大学生毕业半年后的就业率变化趋势。可以看出,2014 届大学生毕业半年后的就业率(92.1%)比 2013 届(91.4%)略有上升,比 2012 届(90.9%)上升 1.2 个百分点。其中,本科院校 2014 届毕业生毕业半年后的就业率为 92.6%,比 2013 届、2012 届(分别为 91.8%、91.5%)均有所上升(分别上升 0.8、1.1 个百分点);高职高专院校 2014 届毕业生毕业半年后的就业率为 91.5%,比 2013 届(90.9%)略有上升,比 2012 届(90.4%)上升 1.1 个百分点。从近三届的趋势可以看出,大学毕业生毕业半年后就业率呈现上升趋势。

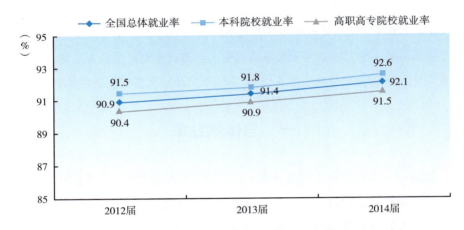

图 1 - 2 - 1 2012 ~ 2014 届大学生毕业半年后的就业率变化趋势

数据来源:麦可思 - 中国 2012 ~ 2014 届大学毕业生社会需求与培养质量调查。

图 1 - 2 - 2 是 2012 ~ 2014 届本科生毕业半年后的就业率/非失业率变化趋势。可以看出,"211"院校 2014 届毕业生毕业半年后的非失业率为 95.3%,比 2013 届(94.9%)略有上升,比 2012 届(94.4%)上升 0.9 个百分点,连续三届呈上升趋势;非"211"本科院校 2014 届毕业生毕业半年后的就业率为 92.5%,比 2013 届(91.6%)上升 0.9 个百分点,比 2012 届(91.3%)上升 1.2 个百分点,连续三届呈上升趋势。

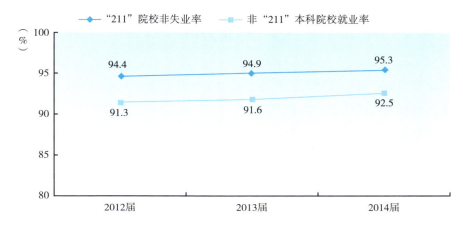

图 1 – 2 – 2　2012～2014 届本科生毕业半年后的就业率/非失业率变化趋势

数据来源：麦可思 – 中国 2012～2014 届大学毕业生社会需求与培养质量调查。

　　表 1 – 2 – 1 是 2012～2014 届各经济区域本科生毕业半年后的就业率变化趋势。可以看出，2014 届泛长江三角洲区域经济体本科院校毕业生毕业半年后的就业率最高（93.6%），东北区域经济体最低（90.2%）。

表 1 – 2 – 1　2012～2014 届各经济区域本科生毕业半年后的就业率变化趋势*

单位：%

经济区域	本科院校毕业生毕业半年后的就业率		
	2014 届	2013 届	2012 届
泛长江三角洲区域经济体	93.6	92.8	93.0
泛珠江三角洲区域经济体	93.2	93.2	93.4
西南区域经济体	93.0	92.8	92.3
中原区域经济体	92.2	91.5	91.6
泛渤海湾区域经济体	91.3	90.5	91.1
陕甘宁青区域经济体	91.2	90.0	89.3
东北区域经济体	90.2	—	88.6
全国本科	**92.6**	**91.8**	**91.5**

　　*西部生态经济区因为样本较少，没有包括在内。东北区域经济体 2013 届因为样本较少，没有包括在内。

　　数据来源：麦可思 – 中国 2012～2014 届大学毕业生社会需求与培养质量调查。

二 专业分析

学科门类：按照教育部的专业目录以及学校新增的专业，本次调查覆盖了本科院校所开设的学科门类 11 个。

专业类：按照教育部的专业目录以及学校新增的专业，本次调查覆盖了本科院校所开设的专业类 72 个。

专业：按照教育部的专业目录以及学校新增的专业，本次调查覆盖了本科院校所开设的专业 351 个。

表 1 – 2 – 2 是 2012 ~ 2014 届本科主要学科门类毕业生毕业半年后的就业率变化趋势。可以看出，2014 届本科生毕业半年后就业率最高的学科门类是管理学（93.4%），最低的是法学（88.4%）。从三届的就业率变化趋势可以看出，本科学科门类中的医学、文学、农学生毕业半年后就业率持续上升。

表 1 – 2 – 2　2012 ~ 2014 届本科主要学科门类毕业生毕业半年后的就业率变化趋势*

单位：%

本科学科门类名称	2014 届	2013 届	2012 届	本科学科门类名称	2014 届	2013 届	2012 届
管理学	93.4	93.5	92.9	理 学	90.5	88.1	89.1
工 学	93.1	92.6	92.7	教育学	90.5	90.0	91.1
医 学	92.8	90.7	90.4	农 学	90.3	89.8	89.6
经济学	91.7	91.9	92.0	法 学	88.4	88.4	87.2
文 学	91.3	89.3	88.9				
全国本科	**92.6**	**91.8**	**91.5**	**全国本科**	**92.6**	**91.8**	**91.5**

* 个别学科门类因为样本较少，没有包括在内。
数据来源：麦可思 – 中国 2012 ~ 2014 届大学毕业生社会需求与培养质量调查。

表 1 – 2 – 3 是 2012 ~ 2014 届本科主要专业类毕业生毕业半年后的就业率变化趋势。可以看出，2014 届本科生毕业半年后就业率最高的专业类是护理学类（97.0%），最低的是法学类（87.0%）。

表 1 – 2 – 3　2012 ~ 2014 届本科主要专业类毕业生毕业半年后的就业率变化趋势*

单位：%

本科专业类名称	2014 届	2013 届	2012 届	本科专业类名称	2014 届	2013 届	2012 届
护理学类	97.0	94.5	94.2	外国语言文学类	91.7	91.6	91.3
管理科学与工程类	94.8	93.6	93.0	经济学类	91.7	91.9	91.1
测绘类	94.7	91.5	92.5	化工与制药类	91.7	91.9	92.6
临床医学与医学技术类	94.1	92.3	94.5	统计学类	91.5	91.1	90.8
土建类	94.0	94.6	94.6	艺术类	91.3	88.8	88.5
教育学类	93.9	91.6	91.3	化学类	91.3	88.3	89.9
交通运输类	93.8	92.8	92.6	地矿类	91.3	—	93.4
地理科学类	93.6	91.8	91.3	中国语言文学类	91.2	90.9	90.6
工商管理类	93.2	93.5	92.8	仪器仪表类	90.8	90.5	91.5
轻工纺织食品类	93.2	90.3	89.5	材料科学类	90.8	—	86.7
电气信息类	93.0	92.1	92.8	社会学类	90.7	88.2	89.3
机械类	92.9	93.3	93.8	材料类	90.5	91.6	91.8
能源动力类	92.9	95.2	95.2	心理学类	90.4	86.7	88.1
环境与安全类	92.6	90.2	90.2	生物工程类	90.4	87.1	88.2
药学类	92.6	91.1	92.6	政治学类	90.1	91.3	91.6
历史学类	92.4	88.9	89.7	环境科学类	89.7	88.0	87.7
环境生态类	92.0	93.6	93.3	生物科学类	88.9	85.1	86.1
数学类	91.9	89.5	87.0	体育学类	88.2	90.1	89.8
公共管理类	91.9	91.2	91.3	物理学类	87.6	85.4	87.5
新闻传播学类	91.8	92.2	92.8	法学类	87.0	86.4	86.1
电子信息科学类	91.8	90.3	91.8				
全国本科	**92.6**	**91.8**	**91.5**	**全国本科**	**92.6**	**91.8**	**91.5**

*个别专业类因为样本较少，没有包括在内。

数据来源：麦可思－中国 2012 ~ 2014 届大学毕业生社会需求与培养质量调查。

表 1 – 2 – 4　2014 届本科生毕业半年后就业量最大的

前 50 位专业的三届就业率变化趋势

单位：%

本科就业量最大的前 50 位专业名称	2014 届	2013 届	2012 届	本科就业量最大的前 50 位专业名称	2014 届	2013 届	2012 届
护理学	97.0	96.1	94.2	行政管理	92.5	91.7	91.9
工程管理	95.3	95.3	93.4	电子信息工程	92.5	90.1	91.8
车辆工程	94.4	94.2	94.6	国际经济与贸易	92.3	92.0	92.5
电气工程及其自动化	94.4	93.5	95.2	工业设计	92.3	91.1	88.6
信息管理与信息系统	94.3	94.9	91.7	公共事业管理	92.3	90.6	89.8

续表

本科就业量最大的前50位专业名称	2014届	2013届	2012届	本科就业量最大的前50位专业名称	2014届	2013届	2012届
市场营销	94.2	94.3	93.0	艺术设计	92.2	89.1	88.8
电子商务	94.2	94.9	94.8	日语	92.1	92.6	92.4
物流管理	94.1	93.7	94.1	临床医学	92.1	90.8	93.7
旅游管理	94.0	93.1	91.0	数学与应用数学	92.1	88.9	86.0
交通运输	94.0	94.1	92.7	英语	91.9	91.6	91.5
软件工程	93.9	93.4	95.1	环境工程	91.9	90.7	89.9
土木工程	93.8	93.9	93.8	音乐学	91.8	91.0	91.4
材料成型及控制工程	93.8	94.0	94.3	应用化学	91.7	90.0	91.6
热能与动力工程	93.7	94.7	95.1	信息与计算科学	91.7	90.4	89.6
人力资源管理	93.6	92.1	92.2	汉语言文学	91.2	90.9	90.6
新闻学	93.4	92.5	93.8	工商管理	91.2	92.0	92.0
计算机科学与技术	93.4	93.0	92.4	化学工程与工艺	90.9	90.6	93.2
广告学	93.3	92.5	93.1	经济学	90.8	90.8	87.1
会计学	93.2	94.0	92.9	测控技术与仪器	90.8	90.5	91.5
机械设计制造及其自动化	93.2	93.7	93.7	金融学	90.4	91.8	91.3
财务管理	93.0	94.6	94.5	美术学	90.2	88.4	88.1
电子信息科学与技术	93.0	89.6	92.1	电子科学与技术	90.2	91.8	92.6
网络工程	93.0	91.8	92.1	动画	89.7	87.6	87.4
通信工程	92.7	91.5	90.9	体育教育	88.4	89.8	88.8
自动化	92.7	92.6	92.3	法学	87.1	86.3	86.0
全国本科	**92.6**	**91.8**	**91.5**	**全国本科**	**92.6**	**91.8**	**91.5**

数据来源：麦可思-中国2012~2014届大学毕业生社会需求与培养质量调查。

表1-2-5是2014届本科生毕业半年后就业率排前50位的主要专业列表。可以看出，2014届本科生毕业半年后就业率前三位的专业是护理学（97.0%）、建筑环境与设备工程（96.8%）、医学影像学（95.9%）。

表1-2-5 2014届本科生毕业半年后就业率排前50位的主要专业*

单位：%

本科就业率排前50位的专业名称	就业率	本科就业率排前50位的专业名称	就业率
护理学	97.0	软件工程	93.9
建筑环境与设备工程	96.8	交通工程	93.8
医学影像学	95.9	土木工程	93.8
测绘工程	95.6	材料成型及控制工程	93.8
建筑学	95.6	热能与动力工程	93.7

续表

本科就业率排前 50 位的专业名称	就业率	本科就业率排前 50 位的专业名称	就业率
医学检验	95.5	信息工程	93.7
工程管理	95.3	地理信息系统	93.7
安全工程	95.1	人力资源管理	93.6
中医学	94.4	教育技术学	93.6
数字媒体艺术	94.4	过程装备与控制工程	93.6
车辆工程	94.4	学前教育	93.6
矿物加工工程	94.4	机械电子工程	93.5
电气工程及其自动化	94.4	制药工程	93.4
信息管理与信息系统	94.3	新闻学	93.4
小学教育	94.3	资源环境与城乡规划管理	93.4
市场营销	94.2	计算机科学与技术	93.4
电子商务	94.2	采矿工程	93.3
物流管理	94.1	财政学	93.3
食品科学与工程	94.1	金属材料工程	93.3
给水排水工程	94.1	广告学	93.3
旅游管理	94.0	会计学	93.2
交通运输	94.0	机械设计制造及其自动化	93.2
法语	94.0	财务管理	93.0
工业工程	93.9	电子信息科学与技术	93.0
教育学	93.9	网络工程	93.0
全国本科	**92.6**	**全国本科**	**92.6**

＊毕业生规模过小的专业不包括在此排序中。

数据来源：麦可思 – 中国 2014 届大学毕业生社会需求与培养质量调查。

三　职业分析

职业：根据麦可思中国职业分类体系，本次调查覆盖了本科毕业生能够从事的 613 个职业。

本节各表中的"就业比例" = 在某类职业中就业的毕业生人数/全国同届次毕业生就业总数。

表 1 – 2 – 6 是 2012 ~ 2014 届本科毕业生从事的主要职业类排名。可以看出，2014 届本科生毕业半年后从事最多的职业类是"财务/审计/税务/统计"，就业比例为 8.1%，其后是"销售"（7.8%）、"行政/后勤"（7.6%）

和"建筑工程"（7.6%）。与2012届相比，2014届本科毕业生就业比例增加最多的职业类为"中小学教育"和"医疗保健/紧急救助"，均增加了2.7个百分点；就业比例降低最多的职业类为"财务/审计/税务/统计"，降低了2.3个百分点。

从三届的就业趋势中可以看出，在就业比例排名前五位的职业类中，本科毕业生从事"中小学教育"职业类的比例逐届增加，从事"行政/后勤"职业类的比例逐届降低。

表1-2-6 2012~2014届本科毕业生从事的主要职业类排名*

单位：%

本科毕业生从事的职业类名称	就业比例			
	2014 届	2013 届	2012 届	2014-2012 届**
财务/审计/税务/统计	8.1	8.1	10.4	-2.3
销售	7.8	7.5	10.0	-2.2
行政/后勤	7.6	8.5	8.7	-1.1
建筑工程	7.6	8.3	5.4	2.2
中小学教育	6.5	5.6	3.8	2.7
金融（银行/基金/证券/期货/理财）	5.4	5.3	7.2	-1.8
计算机与数据处理	5.0	5.9	7.2	-2.2
电气/电子（不包括计算机）	4.4	5.4	4.8	-0.4
医疗保健/紧急救助	4.1	2.2	1.4	2.7
机械/仪器仪表	3.9	4.5	3.6	0.3
互联网开发及应用	3.9	2.5	2.4	1.5
美术/设计/创意	2.4	2.1	1.8	0.6
人力资源	2.4	2.1	3.3	-0.9
媒体/出版	2.2	2.1	2.3	-0.1
生产/运营	2.1	1.2	1.5	0.6
高等教育/职业培训	1.9	2.8	1.7	0.2
机动车机械/电子	1.7	1.8	1.8	-0.1
电力/能源	1.5	1.6	1.3	0.2
公安/检察/法院/经济执法	1.5	2.1	1.7	-0.2
生物/化工	1.5	1.5	1.7	-0.2
物流/采购	1.4	1.5	1.8	-0.4
交通运输/邮电	1.3	1.5	1.1	0.2
工业安全与质量	1.2	1.2	1.0	0.2
翻译	1.1	1.0	1.1	0.0
保险	1.1	0.9	1.1	0.0

本科毕业生从事的 职业类名称	就业比例			
	2014 届	2013 届	2012 届	2014 - 2012 届**
房地产经营	1.0	1.4	1.0	0.0
酒店/旅游/会展	0.9	0.8	0.9	0.0
餐饮/娱乐	0.9	0.7	0.7	0.2
经营管理	0.9	1.9	2.1	- 1.2
环境保护	0.9	0.8	0.6	0.3
幼儿与学前教育	0.8	0.6	0.6	0.2
矿山/石油	0.7	0.5	0.9	- 0.2
公共关系	0.7	0.5	0.4	0.3
表演艺术/影视	0.7	0.7	0.4	0.3
社区工作者	0.7	0.5	0.6	0.1
测绘	0.7	0.5	0.4	0.3
航空机械/电子	0.6	0.4	0.4	0.2
研究人员	0.5	0.6	0.6	- 0.1
律师/律政调查员	0.5	0.5	0.4	0.1
服装/纺织/皮革	0.5	0.5	0.5	0.0
农/林/牧/渔类	0.5	0.6	0.5	0.0
冶金材料	0.4	0.2	0.2	0.1
文化/体育	0.2	0.3	0.2	- 0.1
船舶机械	0.2	0.3	0.2	0.0
美容/健身	0.1	—	—	—
家政	0.1	0.1	0.1	0.0
家用/办公电器维修	0.1	0.1	0.1	0.0
天文气象	0.1	—	—	—

＊表中显示数字均保留一位小数，因为四舍五入进位，加起来可能不等于 100%。

＊＊ "2014 - 2012 届"表示以 2014 届的就业比例减去 2012 届的就业比例。下同。

数据来源：麦可思 - 中国 2012 ～ 2014 届大学毕业生社会需求与培养质量调查。

表 1 - 2 - 7　2014 届本科毕业生就业量最大的前 50 位职业

单位：%

本科毕业生就业量 最大的前 50 位职业名称	就业比例	本科毕业生就业量 最大的前 50 位职业名称	就业比例
会计	5.3	施工工程师	0.7
文员	4.1	其他工程师	0.7
小学教师	2.9	销售代表(批发和制造业，不包括科技 类产品)	0.7
行政秘书和行政助理	2.5	个人理财顾问	0.7

续表

本科毕业生就业量 最大的前 50 位职业名称	就业比例	本科毕业生就业量 最大的前 50 位职业名称	就业比例
银行柜员	2.3	化学技术员	0.7
计算机程序员	2.0	计算机软件应用工程师	0.7
建筑技术员	1.9	编辑	0.7
初中教师	1.8	其他工程技术员（除绘图员）	0.6
电子商务专员	1.4	电气工程技术员	0.6
其他销售代表、服务商	1.2	电厂操作员	0.6
互联网开发师	1.2	幼儿教师	0.6
电子工程师	1.1	工业机械技术员	0.6
人力资源助理	1.0	营业员	0.6
翻译员	0.9	公关专员	0.6
销售经理	0.9	警察	0.5
室内设计师	0.9	机械工程师	0.5
房地产经纪人	0.9	其他教师和讲员	0.5
护士	0.9	银行信贷员	0.5
客服专员	0.9	计算机技术支持员	0.5
高中教师	0.9	其他种类的人力资源、培训和劳资关系专职人员	0.5
土木建筑工程技术员	0.8	市场专员	0.5
电气工程师	0.8	法律职员	0.5
审计员	0.8	金融服务销售商	0.5
土木工程师	0.7	销售代表（机械设备和零件）	0.5
采购员	0.7	机械技术员	0.5

数据来源：麦可思－中国 2014 届大学毕业生社会需求与培养质量调查。

四 行业分析

行业：根据麦可思中国行业分类体系，本次调查覆盖了本科毕业生就业的 327 个行业。

本节各图表中的"就业比例" = 在某类行业中就业的毕业生人数/全国同届次毕业生就业总数。

表1-2-8是2012~2014届本科毕业生就业的主要行业类排名。可以看出，2014届本科生毕业半年后就业最多的行业类是"教育业"（10.6%），其次是"建筑业"（10.2%）。与2012届相比，2014届本科毕业生就业比例增加最多的行业类为"教育业"，增加了3.4个百分点；就业比例降低最多的行业类是"金融（银行/保险/证券）业"，降低了2.7个百分点。

从三届的就业趋势可以看出，在就业比例排名前五位的行业类中，本科毕业生在"教育业"行业类就业的比例逐届增加，在"媒体、信息及通信产业"、"金融（银行/保险/证券）业"行业类就业的比例逐届降低。

表1-2-8 2012~2014届本科毕业生就业的主要行业类排名*

单位：%

本科毕业生就业的行业类名称	就业比例			
	2014届	2013届	2012届	2014-2012届
教育业	10.6	10.0	7.2	3.4
建筑业	10.2	10.6	7.4	2.8
媒体、信息及通信产业	8.5	8.7	10.0	-1.5
金融（银行/保险/证券）业	8.0	8.5	10.7	-2.7
电子电气仪器设备及电脑制造业	7.1	7.2	7.9	-0.8
政府及公共管理	5.3	6.6	6.4	-1.1
各类专业设计与咨询服务业	5.0	5.4	5.3	-0.3
医疗和社会护理服务业	4.8	2.9	1.8	3.0
机械五金制造业	4.3	4.7	4.8	-0.5
零售商业	3.8	3.5	4.5	-0.7
交通工具制造业	3.4	3.4	3.7	-0.3
化学品、化工、塑胶业	3.4	3.7	4.1	-0.7
房地产开发销售租赁及其他租赁业	2.7	3.0	2.6	0.1
行政、商业和环境保护辅助业	2.5	2.5	1.7	0.8
水电煤气公用事业	2.3	2.6	2.5	-0.2
运输业	2.3	2.4	1.9	0.4

续表

本科毕业生就业的行业类名称	就业比例			
	2014 届	2013 届	2012 届	2014 – 2012 届
家具、医疗设备及其他制成品业	2.2	2.0	2.3	– 0.1
食品、烟草、加工业	1.7	1.6	2.6	– 0.9
其他服务业（除行政服务）	1.7	1.5	1.3	0.4
纺织皮革及成品加工业	1.6	1.4	1.4	0.2
住宿和饮食业	1.2	0.9	1.1	0.1
矿业	1.2	0.9	1.7	– 0.5
批发商业	1.2	1.0	1.5	– 0.3
邮递、物流及仓储业	1.1	1.0	1.3	– 0.2
初级金属制造业	1.1	0.9	1.0	0.1
艺术、娱乐和休闲业	1.1	0.9	1.0	0.1
农业、林业、渔业和畜牧业	0.9	1.1	1.2	– 0.3
玻璃黏土、石灰水泥制品业	0.5	0.5	0.5	0.0
木品和纸品业	0.3	0.4	0.5	– 0.2

＊表中显示数字均保留一位小数，因为四舍五入进位，加起来可能不等于100％。

数据来源：麦可思 – 中国 2012 ~ 2014 届大学毕业生社会需求与培养质量调查。

表 1 – 2 – 9　2014 届本科毕业生就业量最大的前 50 位行业

单位：％

本科毕业生就业量最大的前 50 位行业名称	就业比例	本科毕业生就业量最大的前 50 位行业名称	就业比例
中小学教育机构	6.3	司法、执法部门（公检法）	0.9
其他金融投资业	2.5	幼儿园与学前教育机构	0.9
住宅建筑施工业	2.2	会计、审计与税务服务业	0.9
互联网运营与网络搜索引擎业	2.2	广告及相关服务业	0.8
软件开发业	2.1	中国人民银行、保监会和证监会	0.8
发电、输电业	2.0	保险机构	0.8
储蓄信用中介	2.0	公共卫生服务机构（含疾控中心等）	0.8
建筑基础、结构、楼房外观承建业	2.0	建筑、工程及相关咨询服务业	0.8
全科住院医院（包括门诊）	1.9	其他制造业	0.8
房地产开发业	1.8	办公室行政服务业	0.8
高速公路、街道及桥梁建筑业	1.6	物流仓储业	0.8
汽车制造业	1.4	其他公共管理服务组织	0.8
通信设备制造业	1.3	其他电气设备及元器件生产业	0.7
其他各级党政机关	1.3	其他通用机械设备制造业	0.7

续表

本科毕业生就业量最大的 前50位行业名称	就业比例	本科毕业生就业量最大的 前50位行业名称	就业比例
建筑装修业	1.3	百货零售业	0.7
半导体和其他电子元件制造业	1.2	医疗设备及用品制造业	0.7
电气设备制造业	1.2	汽车零件制造业	0.7
其他学院和培训机构	1.2	工业成套设备制造业	0.7
非住宅建筑施工业	1.2	其他化工产品制造业	0.7
其他个人服务业	1.1	家用电器制造业	0.6
航空运输服务业	1.1	其他重型和民用土木工程建筑业	0.6
教育辅助服务业	1.0	其他娱乐和休闲产业	0.6
计算机及外围设备制造业	1.0	保险代理、经销、其他保险相关业	0.6
计算机系统设计服务业	1.0	报刊、图书出版业	0.6
药品和医药制造业	0.9	其他特种行业工程承建业	0.6

数据来源：麦可思－中国2014届大学毕业生社会需求与培养质量调查。

五 用人单位分析

（一）用人单位类型分布

图1-2-3是2014届大学毕业生就业的用人单位类型分布。可以看出，"民营企业/个体"是2014届大学毕业生就业最多的用人单位类型，本科院校中有50%的毕业生就业于"民营企业/个体"，高职高专院校中有65%的毕业生就业于"民营企业/个体"。

（二）用人单位规模分布

图1-2-6是2014届大学毕业生就业的用人单位规模分布。可以看出，2014届大学毕业生就业比例最高的用人单位规模是300人及以下规模的中小型用人单位（51%），其中本科毕业生这一比例为47%，高职高专院校毕业生为56%。

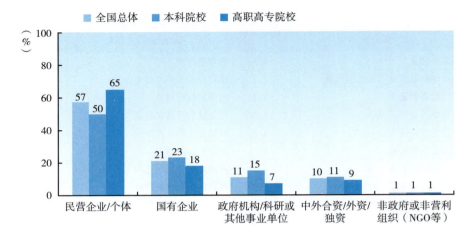

图 1 - 2 - 3　2014 届大学毕业生就业的用人单位类型分布

数据来源：麦可思 - 中国 2014 届大学毕业生社会需求与培养质量调查。

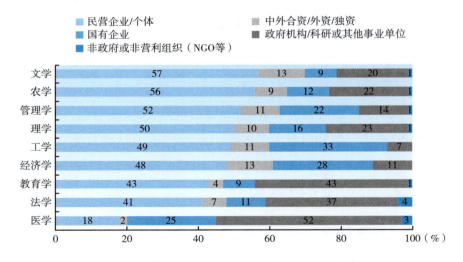

图 1 - 2 - 4　2014 届本科主要学科门类的用人单位类型分布 *

* 个别学科门类因为样本较少，没有包括在内。

数据来源：麦可思 - 中国 2014 届大学毕业生社会需求与培养质量调查。

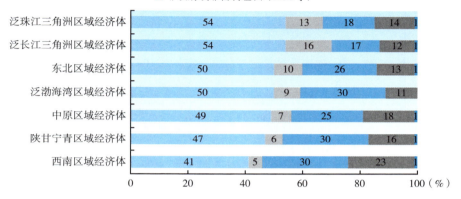

图1-2-5 2014届本科生在各类经济区域的用人单位类型分布*

*西部生态经济区因为样本较少，没有包括在内。
数据来源：麦可思-中国2014届大学毕业生社会需求与培养质量调查。

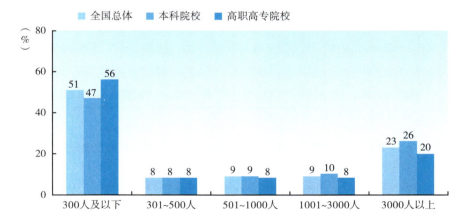

图1-2-6 2014届大学毕业生就业的用人单位规模分布

数据来源：麦可思-中国2014届大学毕业生社会需求与培养质量调查。

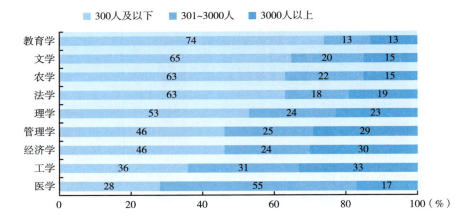

图 1 – 2 – 7   2014 届本科主要学科门类毕业生的用人单位规模分布*

*个别学科门类因为样本较少，没有包括在内。

数据来源：麦可思 – 中国 2014 届大学毕业生社会需求与培养质量调查。

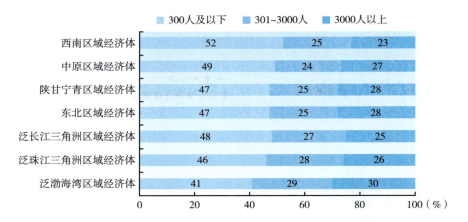

图 1 – 2 – 8   2014 届本科毕业生在各类经济区域的用人单位规模分布*

*西部生态经济区因为样本较少，没有包括在内。

数据来源：麦可思 – 中国 2014 届大学毕业生社会需求与培养质量调查。

六   未就业分析

未就业：本研究将应届大学毕业生在毕业半年后调查时没有全职或者半

职雇用工作的状态，视为未就业。这包括准备考研、准备出国读研、还在找工作和"待定族"四种情况。失业率＝未就业毕业生数/需就业的总毕业生数。

待定族：指调查时处于失业状态且不打算求职和求学的大学毕业生。

（一）失业率

图1-2-9是2012～2014届大学生毕业半年后的失业率变化趋势。可以看出，2014届大学生毕业半年后的失业率（7.9%）比2013届（8.6%）下降0.7个百分点，比2012届（9.1%）下降1.2个百分点。其中，本科院校2014届毕业生失业率（7.4%）比2013届（8.2%）下降0.8个百分点，比2012届（8.5%）下降1.1个百分点；高职高专院校2014届毕业生失业率（8.5%）比2013届（9.1%）下降0.6个百分点，比2012届（9.6%）下降1.1个百分点。从近三届的趋势可以看出，大学生毕业半年后失业率呈现下降趋势。

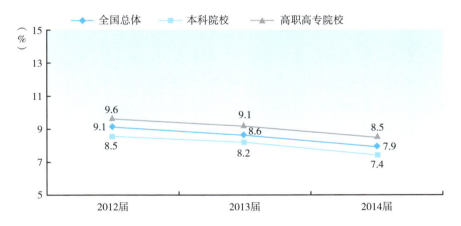

图1-2-9　2012～2014届大学生毕业半年后的失业率变化趋势

数据来源：麦可思-中国2012～2014届大学毕业生社会需求与培养质量调查。

图1-2-10是2014届本科毕业人数最多的100位专业中失业率最高的10个专业。可以看出，2014届本科毕业生失业率最高的专业为应用物理学（15.2%），其次为表演、音乐表演（均为13.4%）。

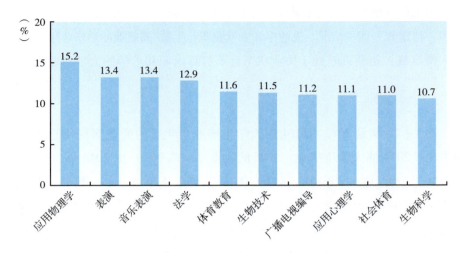

图 1－2－10 2014 届本科毕业人数最多的 100 个专业中失业率最高的 10 个专业

数据来源：麦可思－中国 2014 届大学毕业生社会需求与培养质量调查。

（二）各类院校的未就业人群分布

图 1－2－11 是 2014 届大学毕业生的未就业人群分布。可以看出，在 2014 届各类院校毕业生的未就业人群中，大多数毕业生还在继续找工作。本科院校处于未就业状态的毕业生中有 28% 为"待定族"（不求学不求职），高职高专院校处于未就业状态的毕业生中有 42% 为"待定族"。

（三）各类院校的"待定族"打算分布

图 1－2－12 是 2014 届大学毕业生的"待定族"打算分布。可以看出，在 2014 届本科院校毕业半年后的"待定族"中，有 25% 的毕业生在准备公务员考试，有 12% 的毕业生准备创业。在高职高专院校毕业半年后的"待定族"中，有 22% 的毕业生准备创业，有 8% 的毕业生在准备公务员考试。

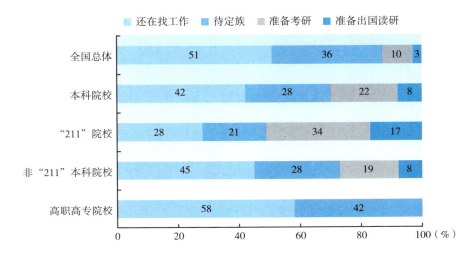

图 1－2－11　2014 届大学毕业生的未就业人群分布

数据来源：麦可思－中国 2014 届大学毕业生社会需求与培养质量调查。

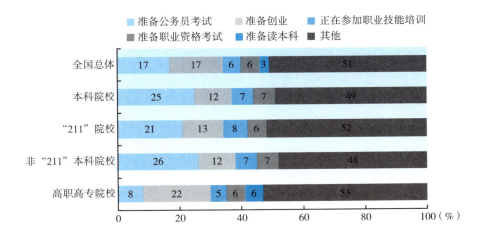

图 1－2－12　2014 届大学毕业生的"待定族"打算分布

数据来源：麦可思－中国 2014 届大学毕业生社会需求与培养质量调查。

B.5

第三章

就业质量

结论摘要

一 就业满意度

1. 2014届大学毕业生的就业满意度为61%，比2013届（56%）高5个百分点。其中，本科院校2014届毕业生的就业满意度为62%，比2013届（58%）高4个百分点；高职高专院校2014届毕业生的就业满意度为59%，比2013届（54%）高5个百分点。

2. 2014届本科毕业生对就业现状不满意的主要原因是"收入低"（66%）、"发展空间不够"（59%）。

3. 在2014届本科学科门类中，毕业生毕业半年后就业满意度最高的为教育学和经济学（均为64%），就业满意度最低的为工学（59%）。

4. 2014届本科生毕业半年后就业满意度最高的职业是"税务专员"（86%）；最低的职业是"化学设备操作员和管理员"（33%）。

5. 2014届本科生毕业半年后就业满意度最高的行业是"烟草制造业"（84%）；最低的行业为"采煤业"（40%）。

6. 2014届本科生毕业半年后在"政府机构/科研或其他事业单位"的就业满意度最高（71%）；在"民营企业/个体"的就业满意度最低（58%）。

7. 2014届本科生毕业半年后在泛长江三角洲区域经济体和泛渤海湾区域经济体就业的满意度（均为64%）最高。

二 职业期待吻合度

1. 2014届大学毕业生工作与职业期待的吻合度为46%，比2013届

（43%）高 3 个百分点。其中，本科院校 2014 届毕业生工作与职业期待的吻合度为 49%，比 2013 届（46%）高 3 个百分点；高职高专院校 2014 届毕业生工作与职业期待的吻合度为 43%，比 2013 届（40%）高 3 个百分点。

2. 2014 届认为工作与职业期待不吻合的本科毕业生中，有 33% 的人认为是"不符合自己的职业发展规划"，其次是"不符合自己的兴趣爱好"（23%）。

3. 在 2014 届本科学科门类中，毕业生半年后职业期待吻合度最高的为医学和教育学（均为 53%），职业期待吻合度最低的为农学（46%）。

三　薪资分析

1. 2014 届大学毕业生月收入（3487 元）比 2013 届（3250 元）增长了 237 元，比 2012 届（3048 元）增长了 439 元。其中，本科毕业生 2014 届（3773 元）比 2013 届（3560 元）增长了 213 元，比 2012 届（3366 元）增长了 407 元；高职高专毕业生 2014 届（3200 元）比 2013 届（2940 元）增长了 260 元，比 2012 届（2731 元）增长了 469 元。从近三届的趋势可以看出，大学生毕业半年后月收入呈现上升趋势。

2. 2014 届本科毕业生有 20.3% 月收入在 5000 元以上，比 2013 届（17.2%）高 3.1 个百分点；月收入在 1500 元以下的比例为 1.2%，比 2013 届（1.6%）低 0.4 个百分点。

3. 在 2014 届本科学科门类中，毕业生毕业半年后月收入最高的是工学（3940 元），最低的是医学（3208 元）。

4. 2014 届本科生毕业半年后从事的主要职业类月收入最高的是"互联网开发及应用"（4582 元），其次是"计算机与数据处理"（4562 元）。

5. 2014 届本科生毕业半年后月收入最高的行业类为"媒体、信息及通信产业"（4304 元），其次是"金融（银行/保险/证券）业"（4291 元）。

6. 2014 届本科生毕业半年后在"中外合资/外资/独资"单位就业的人群月收入最高（4203 元）；与 2013 届相比，2014 届本科毕业生在各类型用人单位就业的月收入都有所上升。

7. 2014 届本科毕业生在"3000 人以上"规模的大型用人单位就业的月收入最高（4232 元）；与 2013 届相比，2014 届大学毕业生在各规模用人单位就业的月收入都有所上升。

8. 2014 届本科生毕业半年后在泛珠江三角洲区域经济体就业的月收入最高，为 4161 元。

四　工作与专业相关度

1. 2014 届本科和高职高专毕业生的工作与专业相关度分别为 69%、62%，均与 2013 届、2012 届（分别为 69%、62%）持平。从近三届的趋势可以看出，大学毕业生的工作与专业相关度呈现平稳发展趋势。

2. 2014 届本科毕业生选择与专业无关的工作的主要原因是"专业工作不符合自己的职业期待"（33%），其次为"迫于现实先就业再择业"（24%）。

3. 在 2014 届本科学科门类中，专业相关度最高的是医学（94%），其次是工学（72%），最低的为农学（55%）。

五　离职率

1. 2014 届大学毕业生毕业半年内的离职率（33%）与 2013 届（34%）基本持平。其中，本科院校 2014 届毕业生毕业半年内离职率为 23%，与 2013 届（24%）基本持平，高职高专院校 2014 届毕业生毕业半年内离职率为 42%，与 2013 届（43%）基本持平。

2. 在 2014 届本科学科门类中，医学半年内离职率最低（14%），文学的半年内离职率最高（30%）。

3. 2014 届本科毕业生半年内离职的人群有 98% 发生过主动离职，主动离职的主要原因是"个人发展空间不够"（50%）、"薪资福利偏低"（43%）。

一　就业满意度

（一）总体就业满意度

就业满意度：在被调查的毕业生中，由就业人群对自己目前的就业现状进行主观判断，选项有"很满意"、"满意"、"不满意"、"很不满意"、"无法评估"共五项。其中，选择"满意"或"很满意"的人属于对就业现状满意，选择"不满意"或"很不满意"的人属于对就业现状不满意。

图1-3-1是2013届、2014届大学生毕业半年后的就业满意度。可以看出，2014届大学毕业生的就业满意度为61%，比2013届（56%）高5个百分点。其中，本科院校2014届毕业生的就业满意度为62%，比2013届（58%）高4个百分点；高职高专院校2014届毕业生的就业满意度为59%，比2013届（54%）高5个百分点。在本科院校中，"211"院校2014届毕业生的就业满意度为63%，非"211"本科院校2014届毕业生的就业满意度为62%。

（二）就业现状不满意的原因

图1-3-2是2013届、2014届本科毕业生对就业现状不满意的原因。可以看出，2014届本科毕业生对就业现状不满意的主要原因是"收入低"（66%）、"发展空间不够"（59%）。

（三）主要专业的就业满意度

表1-3-1是2013届、2014届本科主要学科门类毕业半年后的就业满意度。可以看出，在2014届本科学科门类中，毕业生毕业半年后就业满意度最高的为教育学和经济学（均为64%），就业满意度最低的为工学（59%）。

图 1 - 3 - 1　2013 届、2014 届大学生毕业半年后的就业满意度

数据来源：麦可思 – 中国 2013 届、2014 届大学毕业生社会需求与培养质量调查。

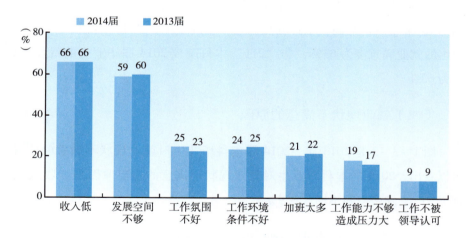

图 1 - 3 - 2　2013 届、2014 届本科毕业生对就业现状不满意的原因（多选）

数据来源：麦可思 – 中国 2013 届、2014 届大学毕业生社会需求与培养质量调查。

表 1 – 3 – 1　2013 届、2014 届本科主要学科门类学生毕业半年后的就业满意度*

单位：%

本科学科门类名称	2014 届	2013 届	本科学科门类名称	2014 届	2013 届
教育学	64	61	农学	61	56
经济学	64	63	医学	61	57
文学	63	58	理学	60	55
法学	63	61	工学	59	56
管理学	63	59	全国本科	**62**	**58**

* 个别学科门类因为样本较少，没有包括在内。

数据来源：麦可思 – 中国 2013 届、2014 届大学毕业生社会需求与培养质量调查。

表 1 – 3 – 2　2014 届本科生毕业半年后就业满意度排前 30 位的主要专业*

单位：%

本科专业名称	就业满意度	本科专业名称	就业满意度
信息安全	75	音乐表演	65
建筑学	73	园艺	65
法语	73	计算机科学与技术	65
小学教育	70	会计学	65
城市规划	69	审计学	65
新闻学	68	汉语言文学	64
财政学	67	政治学与行政学	64
医学影像学	67	表演	63
德语	67	音乐学	63
劳动与社会保障	66	医学检验	63
软件工程	66	日语	63
播音与主持艺术	66	电气工程及其自动化	63
临床医学	66	体育教育	63
金融学	65	统计学	63
护理学	65	国际经济与贸易	63
全国本科	**62**	**全国本科**	**62**

* 毕业生规模过小的专业不包括在此排序中。

数据来源：麦可思 – 中国 2014 届大学毕业生社会需求与培养质量调查。

　　表 1 – 3 – 3 和表 1 – 3 – 4 分别是 2014 届本科生毕业半年后就业满意度最高的和最低的前十位职业。可以看出，2014 届本科生毕业半年后就业满

意度最高的职业是"税务专员"（86%）；最低的职业是"化学设备操作员和管理员"（33%）。

表1-3-3 2014届本科生毕业半年后就业满意度最高的前十位职业*

单位：%

本科毕业生就业满意度最高的前十位职业名称	就业满意度	本科毕业生就业满意度最高的前十位职业名称	就业满意度
税务专员	86	建筑师(非园林和水上景观)	76
游戏策划	85	证券和期货销售商	76
银行信贷员	79	发电站、变电站和中继站的电子和电气修理技术员	75
警察	78	总经理和日常主管	75
银行柜员	77	互联网开发师	75
全国本科	62	全国本科	62

＊毕业生规模过小的职业不包括在此排序中。
数据来源：麦可思－中国2014届大学毕业生社会需求与培养质量调查。

表1-3-4 2014届本科生毕业半年后就业满意度最低的前十位职业*

单位：%

本科毕业生就业满意度最低的前十位职业名称	就业满意度	本科毕业生就业满意度最低的前十位职业名称	就业满意度
化学设备操作员和管理员	33	化学技术员	41
机械绘图员	38	舰艇建造师	41
采矿工程技术员	39	餐饮服务生	41
电子和电气设备装配技术员	39	化工厂系统操作员	42
收银员	41	推销员	42
全国本科	62	全国本科	62

＊毕业生规模过小的职业不包括在此排序中。
数据来源：麦可思－中国2014届大学毕业生社会需求与培养质量调查。

表1-3-5和表1-3-6分别是2014届本科生毕业半年后就业满意度最高的和最低的前十位行业。可以看出，2014届本科生毕业半年后就业满意度最高的行业是"烟草制造业"（84%）；最低的行业为"采煤业"（40%）。

表 1 - 3 - 5　2014 届本科生毕业半年后就业满意度最高的前十位行业*

单位：%

本科毕业生就业满意度最高的前十位行业名称	就业满意度	本科毕业生就业满意度最高的前十位行业名称	就业满意度
烟草制造业	84	发电、输电业	75
中国人民银行、保监会和证监会	81	储蓄信用中介	74
本科学院和大学	80	司法、执法部门（公检法）	74
各级党政领导机构及人大、政协	77	航空运输服务业	72
铁路运输业	75	其他各级党政机关	72
全国本科	**62**	**全国本科**	**62**

＊毕业生规模过小的行业不包括在此排序中。

数据来源：麦可思 - 中国 2014 届大学毕业生社会需求与培养质量调查。

表 1 - 3 - 6　2014 届本科生毕业半年后就业满意度最低的前十位行业*

单位：%

本科毕业生就业满意度最低的前十位行业名称	就业满意度	本科毕业生就业满意度最低的前十位行业名称	就业满意度
采煤业	40	其他金属制品制造业	43
水泥和混凝土产品制造业	42	铝制品加工及制造业	45
铁制品制造业	42	船舶制造业	46
铁合金制造业	42	单件机器制造业	47
采矿业（金属）	43	百货零售业	48
全国本科	**62**	**全国本科**	**62**

＊毕业生规模过小的行业不包括在此排序中。

数据来源：麦可思 - 中国 2014 届大学毕业生社会需求与培养质量调查。

（四）各用人单位类型的就业满意度

图 1 - 3 - 3 是 2013 届、2014 届本科生毕业半年后在各类型用人单位的就业满意度。可以看出，2014 届本科生毕业半年后在"政府机构/科研或其他事业单位"的就业满意度最高（71%）；在"民营企业/个体"的就业满意度最低（58%）。

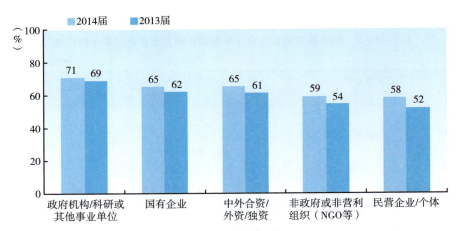

图 1 - 3 - 3　2013 届、2014 届本科生毕业半年后在各类型用人单位的就业满意度

数据来源：麦可思－中国 2013 届、2014 届大学毕业生社会需求与培养质量调查。

（五）各类经济区域的就业满意度

图 1 - 3 - 4 是 2013 届、2014 届本科生毕业半年后在各类经济区域的就

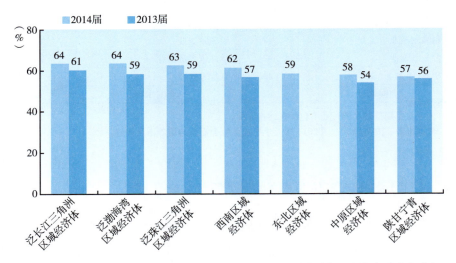

图 1 - 3 - 4　2013 届、2014 届本科生毕业半年后在各类经济区域的就业满意度 *

　＊西部生态经济区因为样本较少，没有包括在内。东北区域经济体 2013 届因为样本较少，没有包括在内。

　数据来源：麦可思－中国 2013 届、2014 届大学毕业生社会需求与培养质量调查。

业满意度。可以看出，2014届本科生毕业半年后在泛长江三角洲区域经济体和泛渤海湾区域经济体就业的满意度（均为64%）最高。

二 职业期待吻合度

（一）总体职业期待吻合度

职业期待吻合度：毕业生被调查时的工作与职业期待吻合的人数百分比。

图1-3-5是2013届、2014届大学毕业生工作与职业期待的吻合度。可以看出，2014届大学毕业生工作与职业期待的吻合度为46%，比2013届（43%）高3个百分点。其中，本科院校2014届毕业生工作与职业期待的吻合度为49%，比2013届（46%）高3个百分点；高职高专院校2014届毕业生工作与职业期待的吻合度为43%，比2013届（40%）高3个百分点。

（二）职业期待不吻合的原因

图1-3-6是2013届、2014届本科生目前的工作与职业期待不吻合的原因分布。可以看出，2014届认为工作与职业期待不吻合的本科毕业生中，有33%的人认为是"不符合自己的职业发展规划"，其次是"不符合自己的兴趣爱好"（23%）。

（三）主要专业的职业期待吻合度

表1-3-7是2013届、2014届本科主要学科门类毕业生毕业半年后的职业期待吻合度。可以看出，在2014届本科学科门类中，毕业生毕业半年后职业期待吻合度最高的为医学和教育学（均为53%），职业期待吻合度最低的为农学（46%）。

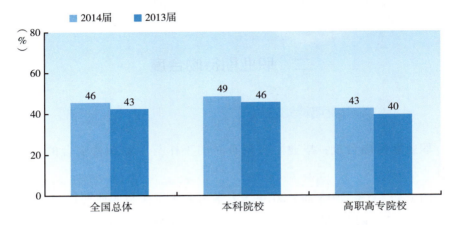

图 1 - 3 - 5　2013 届、2014 届大学毕业生工作与职业期待吻合度

数据来源：麦可思 - 中国 2013 届、2014 届大学毕业生社会需求与培养质量调查。

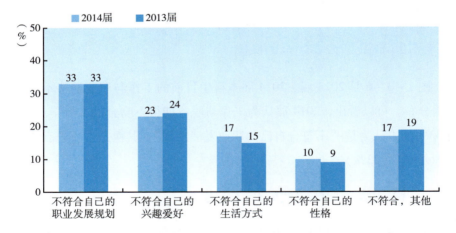

图 1 - 3 - 6　2013 届、2014 届本科毕业生目前的工作与职业期待不吻合的原因分布

数据来源：麦可思 - 中国 2013 届、2014 届大学毕业生社会需求与培养质量调查。

表 1-3-7　2013 届、2014 届本科主要学科门类学生毕业半年后的职业期待吻合度 *

单位：%

本科学科门类名称	2014 届	2013 届	本科学科门类名称	2014 届	2013 届
医学	53	50	经济学	48	46
教育学	53	48	理学	47	43
文学	52	50	工学	47	45
法学	51	51	农学	46	47
管理学	50	48	**全国本科**	**49**	**46**

* 个别学科门类因为样本较少，没有包括在内。

数据来源：麦可思 – 中国 2013 届、2014 届大学毕业生社会需求与培养质量调查。

（四）主要职业的职业期待吻合度

表 1-3-8　2014 届本科毕业生从事的主要职业类的职业期待吻合度 *

单位：%

本科职业类名称	职业期待吻合度	本科职业类名称	职业期待吻合度
律师/律政调查员	66	机动车机械/电子	47
中小学教育	62	电气/电子（不包括计算机）	46
互联网开发及应用	59	研究人员	46
公安/检察/法院/经济执法	58	经营管理	46
人力资源	57	交通运输/邮电	45
计算机与数据处理	57	公共关系	45
美术/设计/创意	57	销售	45
媒体/出版	56	矿山/石油	43
医疗保健/紧急救助	56	环境保护	43
翻译	55	测绘	42
高等教育/职业培训	55	物流/采购	41
表演艺术/影视	54	餐饮/娱乐	41
幼儿与学前教育	53	服装/纺织/皮革	41
酒店/旅游/会展	53	生产/运营	39
航空机械/电子	52	行政/后勤	38
财务/审计/税务/统计	52	机械/仪器仪表	38
金融（银行/基金/证券/期货/理财）	51	保险	38
电力/能源	51	社区工作者	37
房地产经营	50	工业安全与质量	34
建筑工程	50	生物/化工	33
农/林/牧/渔类	50	冶金材料	29
全国本科	**49**	**全国本科**	**49**

* 个别职业类因为样本较少，没有包括在内。

数据来源：麦可思 – 中国 2014 届大学毕业生社会需求与培养质量调查。

三 薪资分析

（一）总体薪资

月收入：指工资、奖金、业绩提成、现金福利补贴等所有的月度现金收入。

毕业半年后的平均月收入：指大学生毕业半年后实际每月工作收入的平均值。

图1-3-7是2012～2014届大学生毕业半年后的月收入变化趋势。可以看出，2014届大学毕业生月收入（3487元）比2013届（3250元）增长了237元，比2012届（3048元）增长了439元。其中，本科毕业生2014届（3773元）比2013届（3560元）增长了213元，比2012届（3366元）增长了407元；高职高专毕业生2014届（3200元）比2013届（2940元）增长了260元，比2012届（2731元）增长了469元。从近三届的趋势可以看出，大学生毕业半年后月收入呈现上升趋势。

图1-3-9是2013届、2014届本科生毕业半年后的月收入分布。可以看出，2014届本科毕业生有20.3%月收入在5000元以上，比2013届（17.2%）高3.1个百分点；月收入在1500元以下的比例为1.2%，比2013届（1.6%）低0.4个百分点。

（二）主要专业的薪资

表1-3-9是2012～2014届本科主要学科门类毕业生毕业半年后的月收入。可以看出，在2014届本科学科门类中，毕业生毕业半年后月收入最高的是工学（3940元），最低的是医学（3208元）。

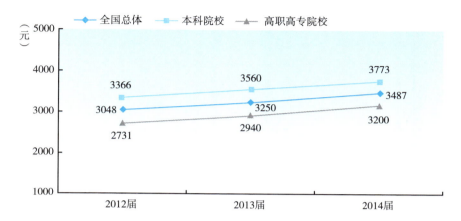

图 1 – 3 – 7　2012～2014 届大学生毕业半年后的月收入变化趋势

数据来源：麦可思 – 中国 2012～2014 届大学毕业生社会需求与培养质量调查。

图 1 – 3 – 8　2012～2014 届本科生毕业半年后的月收入变化趋势

数据来源：麦可思 – 中国 2012～2014 届大学毕业生社会需求与培养质量调查。

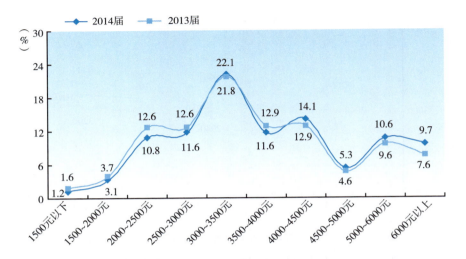

图1－3－9　2013届、2014届本科生毕业半年后的月收入分布＊

＊图中显示数字均保留一位小数，因为四舍五入进位，加起来可能不等于100%。

数据来源：麦可思－中国2013届、2014届大学毕业生社会需求与培养质量调查。

表1－3－9　2012～2014届本科主要学科门类毕业生毕业半年后的月收入＊

单位：元

本科学科门类名称	2014届	2013届	2012届	本科学科门类名称	2014届	2013届	2012届
工学	3940	3681	3577	法学	3597	3411	3183
经济学	3879	3775	3540	教育学	3492	3151	2927
理学	3818	3452	3451	农学	3441	3157	3067
管理学	3786	3524	3293	医学	3208	3202	3278
文学	3604	3353	3268	**全国本科**	**3773**	**3560**	**3366**

＊个别学科门类因为样本较少，没有包括在内。

数据来源：麦可思－中国2012～2014届大学毕业生社会需求与培养质量调查。

表 1–3–10 2014 届本科主要专业类毕业生毕业半年后的月收入*

单位：元

本科专业类名称	2014 届	2013 届	2012 届	本科专业类名称	2014 届	2013 届	2012 届
电子信息科学类	4413	3927	3816	外国语言文学类	3659	3612	3510
电气信息类	4311	3899	3831	社会学类	3633	3619	3478
测绘类	4074	3690	3508	生物科学类	3626	3346	3224
能源动力类	3984	3702	3531	地理科学类	3609	3359	3202
交通运输类	3977	3781	3451	生物工程类	3588	3270	3006
仪器仪表类	3968	3672	3394	环境生态类	3569	3151	3106
材料科学类	3941	—	3398	中国语言文学类	3550	3394	3124
经济学类	3879	3775	3738	法学类	3547	3430	3322
数学类	3863	3583	3485	环境与安全类	3545	3558	3319
土建类	3830	3816	3492	艺术类	3529	3235	3010
统计学类	3825	3648	3552	环境科学类	3506	3085	3080
新闻传播学类	3813	3450	3244	轻工纺织食品类	3506	3322	3118
地矿类	3808	—	3757	心理学类	3498	3056	2798
管理科学与工程类	3807	3767	3572	化学类	3434	3274	3137
材料类	3784	3578	3269	药学类	3387	3418	3462
物理学类	3766	3481	3304	政治学类	3373	3275	3182
公共管理类	3732	3478	3415	教育学类	3317	3091	2851
体育学类	3724	3268	3081	护理学类	3213	3179	3090
机械类	3699	3522	3359	临床医学与医学技术类	3181	—	—
工商管理类	3686	3618	3380	历史学类	3178	3066	2857
化工与制药类	3665	3376	3200				
全国本科	**3773**	**3560**	**3366**	**全国本科**	**3773**	**3560**	**3366**

*个别专业类因为样本较少，没有包括在内。

数据来源：麦可思–中国 2012～2014 届大学毕业生社会需求与培养质量调查。

表 1 – 3 – 11　2014 届本科生毕业半年后月收入排前 50 位的主要专业 *

单位：元

本科专业名称	毕业半年后的平均月收入	本科专业名称	毕业半年后的平均月收入
信息安全	5026	电子商务	4064
软件工程	4943	德语	4062
微电子学	4822	采矿工程	4012
法语	4822	交通工程	4007
建筑学	4773	工程力学	4001
网络工程	4491	地理信息系统	3995
计算机科学与技术	4487	自动化	3991
信息工程	4445	物流工程	3985
数字媒体技术	4428	经济学	3978
表演	4423	冶金工程	3973
电子科学与技术	4331	测控技术与仪器	3968
城市规划	4286	电气工程及其自动化	3963
光信息科学与技术	4282	劳动与社会保障	3936
通信工程	4273	热能与动力工程	3931
金融学	4268	市场营销	3916
矿物加工工程	4240	新闻学	3916
审计学	4229	财政学	3904
机械工程及自动化	4213	生物医学工程	3901
光电信息工程	4208	安全工程	3898
信息与计算科学	4166	汽车服务工程	3870
电子信息工程	4165	轻化工程	3865
电子信息科学与技术	4116	广告学	3852
信息管理与信息系统	4108	工业工程	3843
应用物理学	4085	朝鲜语	3840
测绘工程	4078	工业设计	3839
全国本科	**3773**	**全国本科**	**3773**

* 毕业生规模过小的专业不包括在此排序中。

数据来源：麦可思 – 中国 2014 届大学毕业生社会需求与培养质量调查。

　　月收入的"增长率" ＝（2014 届毕业生的平均月收入 – 2013 届毕业生的平均月收入）/2013 届毕业生的平均月收入。表 1 – 3 – 12 和表 1 – 3 – 13

分别是 2014 届本科生毕业半年后月收入增长最快/最慢的前十位专业类。可以看出，2014 届本科生毕业半年后月收入增长最快的专业类为心理学类，增长率①为 14.5%；毕业半年后月收入增长最慢的专业类为药学类，增长率为 -0.9%。

表 1-3-12　2014 届本科生毕业半年后月收入增长最快的
前十位专业类（与 2013 届对比）*

单位：%，元

本科专业类名称	增长率	2014 届	2013 届	本科专业类名称	增长率	2014 届	2013 届
心理学类	14.5	3498	3056	电气信息类	10.6	4311	3899
体育学类	14.0	3724	3268	新闻传播学类	10.5	3813	3450
环境科学类	13.6	3506	3085	测绘类	10.4	4074	3690
环境生态类	13.3	3569	3151	生物工程类	9.7	3588	3270
电子信息科学类	12.4	4413	3927	艺术类	9.1	3529	3235

＊毕业生规模过小的专业类不包括在此排序中。
数据来源：麦可思-中国 2013 届、2014 届大学毕业生社会需求与培养质量调查。

表 1-3-13　2014 届本科生毕业半年后月收入增长最慢的
前十位专业类（与 2013 届对比）*

单位：%，元

本科专业类名称	增长率	2014 届	2013 届	本科专业类名称	增长率	2014 届	2013 届
药学类	-0.9	3387	3418	护理学类	1.1	3213	3179
环境与安全类	-0.4	3545	3558	外国语言文学类	1.3	3659	3612
土建类	0.4	3830	3816	工商管理类	1.9	3686	3618
社会学类	0.4	3633	3619	经济学类	2.8	3879	3775
管理科学与工程类	1.1	3807	3767	政治学类	3.0	3373	3275

＊毕业生规模过小的专业类不包括在此排序中。
数据来源：麦可思-中国 2013 届、2014 届大学毕业生社会需求与培养质量调查。

---

① 月收入增长的幅度可能受到基数的影响。

（三）主要职业的薪资

表 1–3–14 是 2013 届、2014 届本科生毕业半年后从事的主要职业类的月收入。可以看出，2014 届本科生毕业半年后从事的主要职业类月收入最高的是"互联网开发及应用"（4582 元），其次是"计算机与数据处理"（4562 元）。

表 1–3–14　2013 届、2014 届本科生毕业半年后从事的主要职业类的月收入[*]

单位：元

本科职业类名称	2014 届	2013 届	本科职业类名称	2014 届	2013 届
互联网开发及应用	4582	4415	工业安全与质量	3677	3522
计算机与数据处理	4562	4135	酒店/旅游/会展	3624	3372
金融(银行/基金/证券/期货/理财)	4488	4248	物流/采购	3596	3605
航空机械/电子	4292	3749	服装/纺织/皮革	3589	3557
经营管理	4271	3738	机动车机械/电子	3574	3476
电力/能源	4214	3812	美术/设计/创意	3570	3255
翻译	4149	3775	人力资源	3556	3431
交通运输/邮电	4131	3685	餐饮/娱乐	3534	3233
房地产经营	4102	3861	机械/仪器仪表	3512	3264
表演艺术/影视	4060	3657	高等教育/职业培训	3493	3130
矿山/石油	4051	4024	保险	3471	3477
电气/电子(不包括计算机)	4007	3739	律师/律政调查员	3413	3388
销售	3963	3653	财务/审计/税务/统计	3408	3421
生产/运营	3935	3676	农/林/牧/渔类	3404	3001
测绘	3898	3540	生物/化工	3398	3180
建筑工程	3847	3696	环境保护	3394	3361
研究人员	3774	3533	中小学教育	3292	3111
冶金材料	3755	—	行政/后勤	3224	3080
公共关系	3747	3323	幼儿与学前教育	3083	3107
媒体/出版	3717	3382	社区工作者	3068	2658
公安/检察/法院/经济执法	3694	3578	医疗保健/紧急救助	3023	2908
全国本科	**3773**	**3560**	**全国本科**	**3773**	**3560**

*个别职业类因为样本较少，没有包括在内。

数据来源：麦可思–中国 2013 届、2014 届大学毕业生社会需求与培养质量调查。

表 1 – 3 – 15　2014 届本科生毕业半年后月收入最高的前 50 位职业 *

单位：元

本科毕业生月收入最高的 前 50 位职业名称	毕业半年后的 平均月收入	本科毕业生月收入最高的 前 50 位职业名称	毕业半年后的 平均月收入
游戏策划	5237	工业工程师	4273
互联网开发师	5174	税务专员	4267
计算机软件应用工程师	5096	软件质量鉴定及检验工程师	4252
总经理和日常主管	4886	房地产经纪人	4234
银行信贷员	4884	警察	4216
信贷经纪人	4879	发电站、变电站和中继站的电子 和电气修理技术员	4180
建筑师(非园林和水上景观)	4778	翻译员	4172
计算机系统软件工程师	4769	生产及操作人员的初级主管	4142
销售经理	4724	电气工程师	4115
市场经理	4716	半导体加工人员	4109
计算机程序员	4703	电厂操作员	4094
银行柜员	4669	机电工程师	4090
网络设计师	4599	其他计算机专家	4076
销售工程师	4597	计算机技术支持员	4075
项目经理	4585	民用航空器维护员	4069
金融服务销售商	4530	一线销售经理(零售)	4062
销售代表(医疗用品)	4510	采矿工程技术员	4051
融资专员	4498	市场专员	4045
电子工程师	4463	施工工程师	4034
证券经纪人	4412	广告策划师	4023
贷款顾问	4391	数据库管理员	4017
土木工程师	4387	电力辅助设备操作员	4011
个人理财顾问	4342	通讯设备安装维护技术员	3989
一线销售经理(非零售)	4314	车身设计工程师	3980
航空维护、操作工程师与技术员	4286	其他从事媒体和交流工作的人	3960
全国本科	**3773**	**全国本科**	**3773**

* 个别职业因为样本较少，没有包括在内。

数据来源：麦可思 – 中国 2014 届大学毕业生社会需求与培养质量调查。

　　表 1 – 3 – 16 和表 1 – 3 – 17 分别是 2014 届本科生毕业半年后月收入增长最快/最慢的前十位职业类。可以看出，2014 届本科生毕业半年后月收入

增长最快的职业类为"社区工作者"，增长率为15.4%；毕业半年后月收入增长最慢的职业类为"幼儿与学前教育"，增长率为－0.8%。

表1－3－16　2014届本科生毕业半年后月收入增长最快的
前十位职业类（与2013届对比）*

单位：%，元

本科职业类名称	增长率	2014届	2013届	本科职业类名称	增长率	2014届	2013届
社区工作者	15.4	3068	2658	交通运输/邮电	12.1	4131	3685
航空机械/电子	14.5	4292	3749	高等教育/职业培训	11.6	3493	3130
经营管理	14.3	4271	3738	表演艺术/影视	11.0	4060	3657
农/林/牧/渔类	13.4	3404	3001	电力/能源	10.5	4214	3812
公共关系	12.8	3747	3323	计算机与数据处理	10.3	4562	4135

＊毕业生规模过小的职业类不包括在此排序中。
数据来源：麦可思－中国2013届、2014届大学毕业生社会需求与培养质量调查。

表1－3－17　2014届本科生毕业半年后月收入增长最慢的
前十位职业类（与2013届对比）*

单位：%，元

本科职业类名称	增长率	2014届	2013届	本科职业类名称	增长率	2014届	2013届
幼儿与学前教育	－0.8	3083	3107	律师/律政调查员	0.7	3413	3388
财务/审计/税务/统计	－0.4	3408	3421	服装/纺织/皮革	0.9	3589	3557
物流/采购	－0.2	3596	3605	环境保护	1.0	3394	3361
保险	－0.2	3471	3477	机动车机械/电子	2.8	3574	3476
矿山/石油	0.7	4051	4024	公安/检察/法院/经济执法	3.2	3694	3578

＊毕业生规模过小的职业类不包括在此排序中。
数据来源：麦可思－中国2013届、2014届大学毕业生社会需求与培养质量调查。

（四）主要行业的薪资

表1－3－18是2013届、2014届本科生毕业半年后在主要行业类的月收入。可以看出，2014届本科生毕业半年后月收入最高的行业类为"媒体、

信息及通信产业"（4304元），其次是"金融（银行/保险/证券）业"（4291元）。

表1-3-18　2013届、2014届本科生毕业半年后在主要行业类的月收入*

单位：元

本科行业类名称	2014届	2013届	本科行业类名称	2014届	2013届
媒体、信息及通信产业	4304	3922	邮递、物流及仓储业	3652	3377
金融(银行/保险/证券)业	4291	4186	化学品、化工、塑胶业	3520	3288
电子电气仪器设备及电脑制造业	4147	3834	初级金属制造业	3498	3217
运输业	4073	3853	纺织皮革及成品加工业	3470	3329
水电煤气公用事业	4053	3712	政府及公共管理	3458	3238
房地产开发销售租赁及其他租赁业	4009	3695	农业、林业、渔业和畜牧业	3443	3150
矿业	3989	3780	玻璃黏土、石灰水泥制品业	3428	3296
艺术、娱乐和休闲业	3975	3561	其他服务业(除行政服务)	3423	3191
各类专业设计与咨询服务业	3819	3653	机械五金制造业	3414	3178
建筑业	3782	3644	住宿和饮食业	3407	3200
交通工具制造业	3724	3534	行政、商业和环境保护辅助业	3349	3109
批发商业	3704	3359	教育业	3343	3138
家具、医疗设备及其他制成品业	3672	3384	木品和纸品业	3339	3258
食品、烟草、加工业	3669	3548	医疗和社会护理服务业	3094	3078
零售商业	3655	3477	全国本科	**3773**	**3560**

*个别行业类因为样本较少，没有包括在内。
数据来源：麦可思-中国2013届、2014届大学毕业生社会需求与培养质量调查。

表1-3-19和表1-3-20分别是2014届本科生毕业半年后月收入增长最快/最慢的前五位行业类。可以看出，2014届本科生毕业半年后月收入增长最快的行业类为"艺术、娱乐和休闲业"，增长率为11.6%；毕业半年后月收入增长最慢的行业类为"医疗和社会护理服务业"，增长率为0.5%。

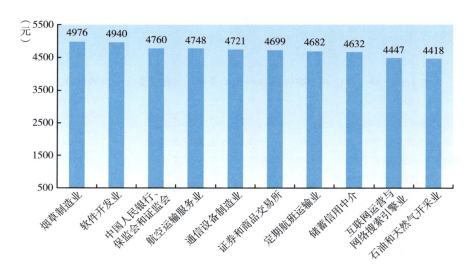

图1－3－10 2014届本科生毕业半年后月收入最高的前十位行业

数据来源：麦可思－中国2014届大学毕业生社会需求与培养质量调查。

表1－3－19 2014届本科生毕业半年后月收入增长最快的
前五位行业类（与2013届对比）＊

单位：％，元

本科行业类名称	增长率	2014届	2013届	本科行业类名称	增长率	2014届	2013届
艺术、娱乐和休闲业	11.6	3975	3561	农业、林业、渔业和畜牧业	9.3	3443	3150
批发商业	10.3	3704	3359	水电煤气公用事业	9.2	4053	3712
媒体、信息及通信产业	9.7	4304	3922				

＊毕业生规模过小的行业类不包括在此排序中。

数据来源：麦可思－中国2013届、2014届大学毕业生社会需求与培养质量调查。

（五）用人单位的薪资

图1－3－11是2013届、2014届本科生毕业半年后在各类型用人单位的月收入。可以看出，2014届本科生毕业半年后在"中外合资/外资/独资"

表 1 – 3 – 20　2014 届本科生毕业半年后月收入增长最慢的
前五位行业类（与 2013 届对比）*

单位：%，元

本科行业类名称	增长率	2014 届	2013 届	本科行业类名称	增长率	2014 届	2013 届
医疗和社会护理服务业	0.5	3094	3078	食品、烟草、加工业	3.4	3669	3548
金融（银行/保险/证券）业	2.5	4291	4186	建筑业	3.8	3782	3644
木品和纸品业	2.5	3339	3258				

＊毕业生规模过小的行业类不包括在此排序中。
数据来源：麦可思 – 中国 2013 届、2014 届大学毕业生社会需求与培养质量调查。

单位就业的人群月收入最高（4203 元）；与 2013 届相比，2014 届本科毕业生在各类型用人单位就业的月收入都有所上升。

图 1 – 3 – 11　2013 届、2014 届本科生毕业半年后在各类型用人单位的月收入

数据来源：麦可思 – 中国 2013 届、2014 届大学毕业生社会需求与培养质量调查。

图 1 – 3 – 12 是 2013 届、2014 届本科生毕业半年后在各规模用人单位的月收入。可以看出，2014 届本科毕业生在"3000 人以上"规模的大型用人单位就业的月收入最高（4232 元）；与 2013 届相比，2014 届大学毕业生在各规模用人单位就业的月收入都有所上升。

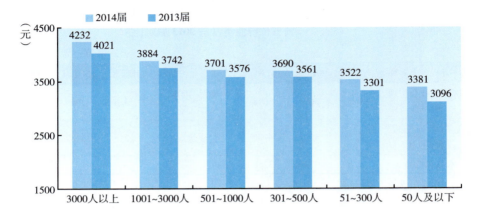

图 1 – 3 – 12　2013 届、2014 届本科生毕业半年后在各规模用人单位的月收入

数据来源：麦可思 – 中国 2013 届、2014 届大学毕业生社会需求与培养质量调查。

（六）各类经济区域的薪资

图 1 – 3 – 13 是 2013 届、2014 届本科生毕业半年后在各类经济区域就业的月收入。可以看出，2014 届本科生毕业半年后在泛珠江三角洲区域经济体就业的月收入最高，为 4161 元。

四　工作与专业相关度

（一）总体工作与专业相关度

工作与专业相关度 = 受雇全职工作并且与专业相关的毕业生人数/受雇全职工作的毕业生人数。

图 1 – 3 – 15 是 2012 ~ 2014 届大学生毕业半年后的工作与专业相关度。可以看出，2014 届本科和高职高专毕业生的工作与专业相关度分别为 69%、62%，与 2013 届、2012 届（两年均为 69%、62%）持平。从近三届的趋势可以看出，大学毕业生的工作与专业相关度呈现平稳发展趋势。

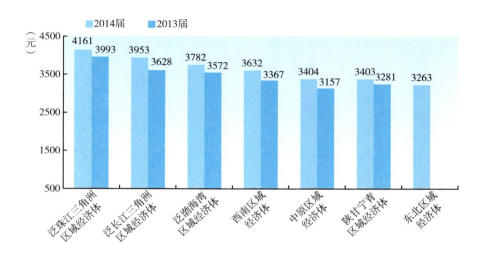

图1－3－13 2013届、2014届本科生毕业半年后在各类经济区域就业的月收入 *

　　*西部生态经济区因为样本较少，没有包括在内。东北区域经济体2013届因为样本较少，没有包括在内。

　　数据来源：麦可思－中国2013届、2014届大学毕业生社会需求与培养质量调查。

图1－3－14 2013届、2014届本科生毕业半年后在各类城市就业的月收入

　　数据来源：麦可思－中国2013届、2014届大学毕业生社会需求与培养质量调查。

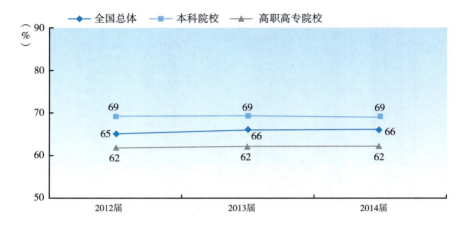

图1-3-15　2012～2014届大学生毕业半年后的工作与专业相关度*

* 因为四舍五入进位，故2012届全国总体与2013届、2014届不同。
数据来源：麦可思-中国2012～2014届大学毕业生社会需求与培养质量调查。

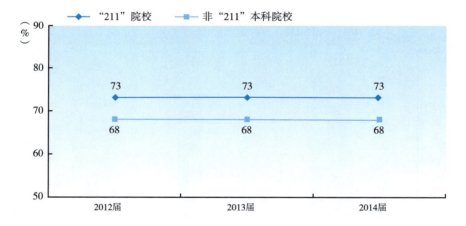

图1-3-16　2012～2014届本科毕业生的工作与专业相关度

数据来源：麦可思-中国2012～2014届大学毕业生社会需求与培养质量调查。

（二）选择与专业无关的工作的原因

图 1－3－17 是 2013 届、2014 届本科生毕业半年后选择与专业无关的工作的主要原因。可以看出，2014 届本科毕业生选择与专业无关的工作的主要原因是"专业工作不符合自己的职业期待"（33%），其次为"迫于现实先就业再择业"（24%）。

图 1－3－17　2013 届、2014 届本科毕业生选择与专业无关的工作的主要原因

数据来源：麦可思－中国 2013 届、2014 届大学毕业生社会需求与培养质量调查。

（三）主要专业的专业相关度

表 1－3－21 是 2012～2014 届本科主要学科门类毕业生的工作与专业相关度变化趋势。可以看出，在 2014 届本科学科门类中，专业相关度最高的是医学（94%），其次是工学（72%），最低的为农学（55%）。

表 1 – 3 – 21 2012 ~ 2014 届本科主要学科门类毕业生的工作与专业相关度变化趋势*

单位：%

本科学科门类名称	2014 届	2013 届	2012 届	本科学科门类名称	2014 届	2013 届	2012 届
医学	94	88	87	经济学	61	67	66
工学	72	73	76	理学	60	58	60
管理学	68	69	69	法学	58	53	53
教育学	68	62	62	农学	55	55	53
文学	65	65	65	**全国本科**	**69**	**69**	**69**

* 个别学科门类因为样本较少，没有包括在内。

数据来源：麦可思 – 中国 2012 ~ 2014 届大学毕业生社会需求与培养质量调查。

表 1 – 3 – 22 2014 届本科毕业生工作与专业相关度排前 30 位的主要专业*

单位：%

本科专业名称	工作与专业相关度	本科专业名称	工作与专业相关度
临床医学	97	小学教育	84
建筑学	97	审计学	83
医学影像学	97	采矿工程	82
医学检验	96	中药学	81
中医学	94	机械工程及自动化	80
护理学	94	学前教育	79
城市规划	93	电气工程及其自动化	79
土木工程	92	制药工程	79
药学	91	软件工程	79
建筑环境与设备工程	90	车辆工程	79
给水排水工程	89	金融学	79
工程管理	87	财务管理	78
测绘工程	87	机械电子工程	76
会计学	85	教育学	75
热能与动力工程	84	工程力学	75
全国本科	**69**	**全国本科**	**69**

* 毕业生规模过小的专业不包括在此排序中。

数据来源：麦可思 – 中国 2014 届大学毕业生社会需求与培养质量调查。

（四）主要职业的工作与专业相关度

表 1 – 3 – 23　2014 届本科毕业生工作与专业相关度要求最高的前 20 位职业 *

单位：%

职业名称	工作与专业相关度	职业名称	工作与专业相关度
内科医师	100	电气工程师	94
护士	99	化学研究人员	94
医学及临床实验的技术员	97	园林建筑师	94
外科医师	97	机械技术员	93
土木工程师	96	城镇规划设计工程技术员	93
建筑师（非园林和水上景观）	96	土木建筑工程技术员	93
空中交通管制员	96	化学技术员	93
药剂师	95	电气工程技术员	92
法律职员	94	民用航空器维护员	92
机械工程师	94	暖通技术员	92
全国本科	**69**	**全国本科**	**69**

＊毕业生规模过小的职业不包括在此排序中。

数据来源：麦可思－中国2014届大学毕业生社会需求与培养质量调查。

表 1 – 3 – 24　2014 届本科毕业生工作与专业相关度要求最低的前 20 位职业 *

单位：%

职业名称	工作与专业相关度	职业名称	工作与专业相关度
保险推销员	27	房地产经纪人	38
数据录入员	28	销售经理	39
餐饮服务主管	29	行政秘书和行政助理	39
客服专员	33	社工	40
保单管理员	34	总经理和日常主管	41
文员	34	广告业务员	41
市场经理	36	档案管理员	42
推销员	37	警察	44
一线销售经理（零售）	38	公关专员	44
营业员	38	金融服务销售商	44
全国本科	**69**	**全国本科**	**69**

＊毕业生规模过小的职业不包括在此排序中。

数据来源：麦可思－中国2014届大学毕业生社会需求与培养质量调查。

五 离职率

离职率：有过工作经历的 2014 届毕业生（从毕业时到 2014 年 12 月 31 日）中有多大比例的人发生过离职。离职率 = 曾经发生离职行为的毕业生人数/现在工作或曾经工作的毕业生人数。

离职类型：分为主动离职（辞职）、被雇主解职、两者均有（离职两次以上可能会出现）三类情形。

（一）离职率

图 1 – 3 – 18 是 2013 届和 2014 届大学生毕业半年内的离职率。可以看出，2014 届大学毕业生毕业半年内的离职率（33%）与 2013 届（34%）基本持平。其中，本科院校 2014 届毕业生毕业半年内离职率为 23%，与 2013 届（24%）基本持平，高职高专院校 2014 届毕业生毕业半年内离职率为 42%，与 2013 届（43%）基本持平。在本科院校中，"211"院校毕业生毕业半年内离职率为 12%，非"211"本科院校为 25%。

图 1 – 3 – 18 2013 届、2014 届大学生毕业半年内的离职率

数据来源：麦可思 – 中国 2013 届、2014 届大学毕业生社会需求与培养质量调查。

　　表 1-3-25 是 2013 届、2014 届本科主要学科门类毕业生毕业半年内的离职率。可以看出，在 2014 届本科学科门类中，医学半年内离职率最低（14%），文学的半年内离职率最高（30%）。

表 1-3-25 2013 届、2014 届本科主要学科门类毕业生毕业半年内的离职率 *

单位：%

本科学科门类名称	2014 届	2013 届	本科学科门类名称	2014 届	2013 届
医学	14	18	管理学	25	24
工学	19	18	经济学	27	28
法学	20	20	农学	27	27
理学	23	24	文学	30	30
教育学	23	21	**全国本科**	**23**	**24**

　　＊ 个别学科门类因为样本较少，没有包括在内。
　　数据来源：麦可思 - 中国 2013 届、2014 届大学毕业生社会需求与培养质量调查。

（二）离职类型

　　图 1-3-19 和图 1-3-20 分别是 2013 届、2014 届本科毕业生的离职类型和主动离职的原因。可以看出，2014 届本科毕业生半年内离职的人群中有 98% 发生过主动离职，主动离职的主要原因是"个人发展空间不够"（50%）、"薪资福利偏低"（43%）。

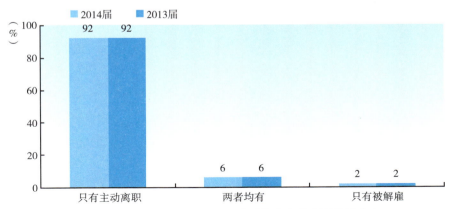

图 1-3-19 2013 届、2014 届本科毕业生的离职类型分布

　　数据来源：麦可思 - 中国 2013 届、2014 届大学毕业生社会需求与培养质量调查。

（三）主动离职原因

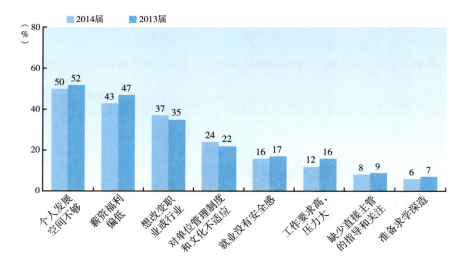

图1 - 3 - 20 2013届、2014届本科毕业生主动离职的原因（多选）

数据来源：麦可思 – 中国2013届、2014届大学毕业生社会需求与培养质量调查。

B.6

第四章
专业预警

结论摘要

1. 2015 年本科就业红牌专业包括：生物工程、美术学、生物科学、应用物理学、应用心理学、法学、音乐表演；黄牌专业包括：体育教育、动画、英语、工商管理、汉语言文学。以上专业部分与 2014 年的红黄牌专业相同，属于失业量较大，就业率、薪资和就业满意度综合较低的高失业风险型专业。

2. 2015 年本科就业绿牌专业包括：建筑学、软件工程、网络工程、通信工程、建筑环境与设备工程、车辆工程、矿物加工工程。以上专业部分与 2014 年的绿牌专业相同，属于失业量较小，就业率、薪资和就业满意度综合较高的需求增长型专业。

红牌专业：失业量较大，就业率、月收入和就业满意度综合较低的专业，为高失业风险型专业。

黄牌专业：除红牌专业外，失业量较大，就业率、月收入和就业满意度综合较低的专业。

绿牌专业：失业量较小，就业率、月收入和就业满意度综合较高的专业，为需求增长型专业。

出现红、黄牌专业的原因既可能是供大于求，也可能是培养质量达不到岗位需求，而这是导致大学毕业生找不到工作与企业招不到人才的原因之一。专业预警分析可以引导政府和高校主动调整学科专业设置，提高人才培

养质量，增强高等教育的人才培养对社会需求的质与量的敏感度和反应性，从而更好地建立与社会需求相适应的专业结构。

表1－4－1是2015年本科"红黄绿牌"专业。2015年本科就业红牌专业包括：生物工程、美术学、生物科学、应用物理学、应用心理学、法学、音乐表演；黄牌专业包括：体育教育、动画、英语、工商管理、汉语言文学。以上专业部分与2014年的红黄牌专业相同，属于失业量较大，就业率、薪资和就业满意度综合较低的高失业风险型专业，这些专业具有持续性。

表1－4－1　2015年本科"红黄绿牌"专业

红牌专业	黄牌专业	绿牌专业
生物工程	体育教育	建筑学
美术学	动画	软件工程
生物科学	英语	网络工程
应用物理学	工商管理	通信工程
应用心理学	汉语言文学	建筑环境与设备工程
法学		车辆工程
音乐表演		矿物加工工程

数据来源：麦可思－中国2012～2014届大学毕业生社会需求与培养质量调查。

第五章
能力与知识

结论摘要

一 基本工作能力

1. 无论是本科毕业生还是高职高专毕业生，其毕业时对基本工作能力掌握的水平均低于工作岗位要求的水平。

2. 2014届本科毕业生在理解交流能力中最重要的是有效的口头沟通能力（重要度为75%），其满足度为83%；科学思维能力中最重要的是科学分析能力（重要度为66%），其满足度为82%；管理能力中最重要的是说服他人能力（重要度为76%），其满足度为73%；应用分析能力中最重要的是疑难排解能力（重要度为72%），其满足度为77%；动手能力中最重要的是电脑编程能力（重要度为77%），其满足度为68%。

二 核心知识

2014届本科毕业生最重要的核心知识是销售与营销知识（重要度为66%），其满足度较低（73%）。

一 基本工作能力

（一） 背景介绍

工作能力：从事某项职业必须具备的能力，分为职业工作能力和基本工作能力。职业工作能力是从事某一职业特殊需要的能力，基本工作能力是从事所有工作都必须具备的能力，麦可思参考美国 SCANS 标准，把基本工作能力分为 35 项。根据麦可思的工作能力分类，中国大学生可以从事的职业共 695 个，对应的职业能力近万条。

五大类基本工作能力：麦可思参考美国 SCANS 标准，将 35 项基本工作能力划为五大类型，分别是理解与交流能力、科学思维能力、管理能力、应用分析能力和动手能力（见图 1-5-1）。

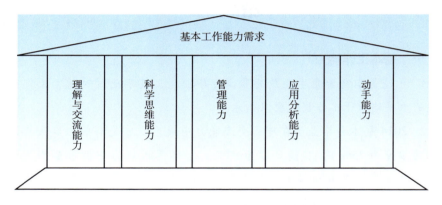

图 1-5-1　五大类基本工作能力

表 1-5-1　基本工作能力定义及序号

序号	五大类能力	名称	描述
1	理解与交流能力	理解性阅读	理解工作文件的句子和段落
2	理解与交流能力	积极聆听	理解对方讲话的要点,适当地提出问题
3	理解与交流能力	有效的口头沟通	交谈中有效果地传递信息
4	理解与交流能力	积极学习	理解信息中的启示,用于解决问题,帮助做出决定
5	理解与交流能力	学习方法	在训练和指导工作时选择方法与程序
6	理解与交流能力	理解他人	关注并理解他人的反应
7	理解与交流能力	服务他人	积极地寻找方法来帮助他人
8	科学性思维能力	针对性写作	根据读者需求有效果地传递信息
9	科学性思维能力	数学解法	用数学方法来解决问题
10	科学性思维能力	科学分析	用科学的原理和方法来解决问题
11	科学性思维能力	批判性思维	运用逻辑推理来判定解决问题的建议、结论和方法的优缺点

续表

序号	五大类能力	名称	描述
12	管理能力	绩效监督	监督和评估自己、他人或组织的绩效以采取改进行动
13	管理能力	协调安排	根据他人的需要调整工作安排
14	管理能力	说服他人	说服他人改变想法或者行为
15	管理能力	谈判技能	与他人沟通并且达成一致
16	管理能力	指导他人	指导他人怎样去做一件事
17	管理能力	解决复杂的问题	识别复杂问题并查阅信息以发现和评估解决方案
18	管理能力	判断和决策	考虑各方案的成本和收益,决定最合适的方案
19	管理能力	时间管理	管理自己和他人的时间
20	管理能力	财务管理	决定怎样花钱以完成工作,并为这些开支记账核算
21	管理能力	物资管理	如何按照工作的特定需要获得设备、厂房和材料,以及监督其合理使用
22	管理能力	人力资源管理	在工作中激发、指导人们的工作,寻找适合各项工作的人
23	应用分析能力	新产品构思	分析需求和生产的可能性以开发出新产品
24	应用分析能力	技术设计	按要求设计和修改设备与技术
25	应用分析能力	设备选择	决定使用哪一种工具和设备来做一项工作
26	应用分析能力	质量控制分析	对产品、服务或工作程序进行测试和检查以评价其质量和绩效
27	应用分析能力	操作监控	监视仪表、控制器和其他指示器以保证机器正常运行
28	应用分析能力	操作和控制	控制设备和系统的运行
29	应用分析能力	设备维护	对设备进行日常维护并决定什么时候进行何种维护
30	应用分析能力	疑难排解	判断出操作错误的产生原因并决定纠错对策
31	应用分析能力	系统分析	判定变化对一个系统运行结果的影响
32	应用分析能力	系统评估	识别系统绩效的评估方法或指标,根据系统目标采取行动来改进系统表现
33	动手能力	安装能力	按照特定要求来安装设备、机器、管线或程序
34	动手能力	电脑编程	为各种目的编写电脑程序
35	动手能力	维修机器和系统	使用必要的工具来修理机器和系统

　　基本工作能力的重要度：用于定义正在工作的大学毕业生所理解的35项基本工作能力在其岗位工作中的重要程度,分为"无法评估"、"不重要"、"有些重要"、"重要"、"非常重要"和"极其重要"六个层次,数据处理时把重要性处理为百分比,0代表"不重要",25%代表"有些重要",50%代表"重要",75%代表"非常重要",100%代表"极其重要"。

工作岗位要求的工作能力水平：用于定义正在工作的大学毕业生所理解的工作对 35 项基本工作能力的要求级别，从低到高分为一级到七级。一级代表该能力的最低水平，取值 1/7；七级代表该能力的最高水平，取值 1。为了帮助答题人自评级别，问卷在一到七级中分别举了三个例子，以帮助答题人理解能力差别。

毕业时掌握的基本工作能力水平：用于定义正在工作的大学毕业生所理解的在刚毕业时对 35 项基本工作能力实际掌握的级别，从低到高分为一级到七级。一级代表该能力的最低水平，取值 1/7；七级代表该能力的最高水平，取值 1。为了帮助答题人自评级别，问卷在一级到七级中分别举了三个例子，以帮助答题人理解能力差别。

基本工作能力的满足度：毕业时的基本工作能力水平满足社会初始岗位的工作要求水平的百分比，100% 为完全满足。满足度计算公式的分子是毕业时的基本工作能力水平，分母是工作要求的水平。

（二）基本工作能力重要度和满足度

图 1 - 5 - 2、图 1 - 5 - 3 和图 1 - 5 - 4 分别是 2012～2014 届大学毕业生毕业时的基本工作能力水平和工作岗位要求达到的水平，以及在此基础上计

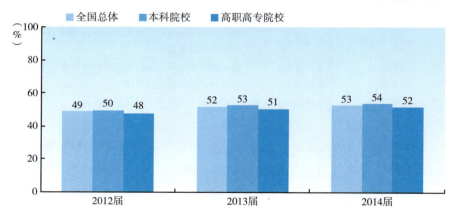

图 1 - 5 - 2　2012～2014 届大学毕业生毕业时的基本工作能力水平

数据来源：麦可思 - 中国 2012～2014 届大学毕业生社会需求与培养质量调查。

算出的能力满足度。可以看出，无论是本科毕业生还是高职高专毕业生，其毕业时的基本工作能力水平均低于工作岗位要求的水平。

图 1 - 5 - 3　2012 ~ 2014 届大学毕业生工作岗位要求达到的基本工作能力水平

数据来源：麦可思 - 中国 2012 ~ 2014 届大学毕业生社会需求与培养质量调查。

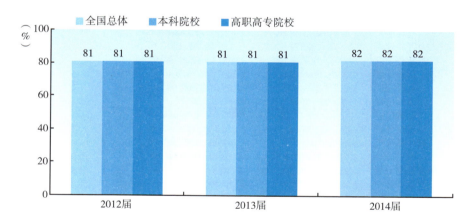

图 1 - 5 - 4　2012 ~ 2014 届大学毕业生的基本工作能力的满足度

数据来源：麦可思 - 中国 2012 ~ 2014 届大学毕业生社会需求与培养质量调查。

　　图 1 - 5 - 5 是 2014 届本科毕业生各项基本工作能力的重要度和满足度。可以看出，2014 届本科毕业生在理解交流能力中最重要的是有效的口头沟通能力（重要度为 75%），其满足度为 83%；科学思维能力中最重要的是

科学分析能力（重要度为66%），其满足度为82%；管理能力中最重要的是说服他人能力（重要度为76%），其满足度为73%；应用分析能力中最重要的是疑难排解能力（重要度为72%），其满足度为77%；动手能力中最重要的是电脑编程能力（重要度为77%），其满足度为68%。

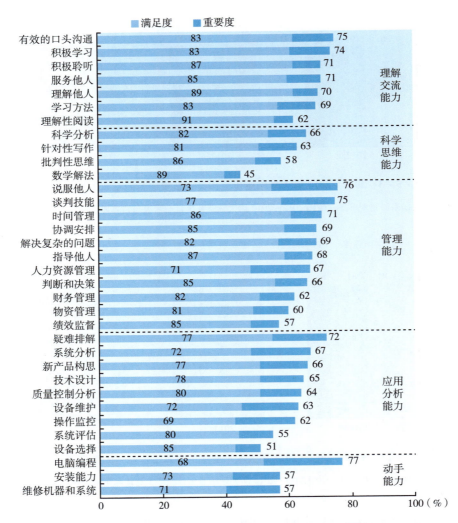

图1-5-5 2014届本科毕业生的各项基本工作能力的重要度和满足度*

*操作和控制能力因为样本较少，没有包括在内。

数据来源：麦可思-中国2014届大学毕业生社会需求与培养质量调查。

（三）创新能力分析

创新能力：35 项基本工作能力中与创新能力相关的几项能力中包括科学分析、批判性思维、积极学习、新产品构思四种能力。

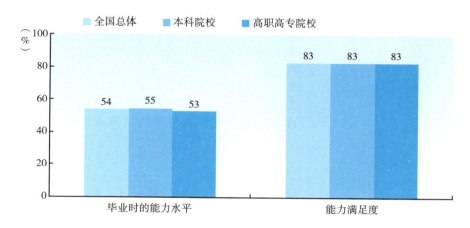

图 1 – 5 – 6　2014 届大学毕业生的创新能力指标

数据来源：麦可思 – 中国 2014 届大学毕业生社会需求与培养质量调查。

二　核心知识

（一）背景介绍

核心知识：从事某项职业必须具备的知识。麦可思参考美国 SCANS 标准，将核心知识分为 28 项。根据麦可思的核心知识分类，中国大学生可以从事的职业共 695 个，对应的职业知识近万条。大学毕业生在校期间所掌握的 28 项知识见表 1 – 5 – 2。

核心知识的重要度：用于定义正在工作的大学毕业生所理解的各项知识在其岗位工作中的重要程度，分为"无法评估"、"不重要"、"有些重要"、"重要"、"非常重要"和"极其重要"六个层次，数据处理时把重要性处

表 1 - 5 - 2　核心知识定义及序号

序号	名称	描述
1	行政与管理	关于战略规划、资源分配、人力资源、领导技巧、生产方法、人员与资源协调的商业管理原理
2	生物学	关于动植物有机体的组织、细胞、功能的知识,包括生物体的相互作用及其与环境的依赖和相互作用
3	化学	关于物质的化学组成、结构、性质、化学反应及变化的知识,包括掌握化学物品的危险特征、制备方法以及安全处理方法
4	文秘	关于行政和文书记录程序、系统的知识,例如:文字处理、文件记录归档、速记和誊写、表格设计等,还要掌握其他一些办公程序和专门用语
5	传播与媒体	关于传媒制作、交流、传播技术和方法的知识,包括通过书面、口头和可视媒体等方式来传达信息或娱乐受众
6	计算机与电子学	关于线路板、处理器、芯片、电子设备和电脑软硬件的知识,包括关于应用软件和编程方面的知识
7	消费者服务与个人服务	关于向顾客、个人提供服务的原理及过程的知识,这包括评估顾客需求以达到服务质量标准,并确定顾客的满意程度
8	设计	关于在精密技术方案、蓝图、绘图和模型中所涉及的设计技术、工具和原理的知识
9	经济学与会计	关于经济学和会计学的原理与实践,涉及金融市场、银行业以及对金融数据进行分析和报告的知识
10	教育与培训	关于课程设置和培训的原理和方法,教授和指导个人及团体,以及评估培训效果的知识
11	工程与技术	关于工程科技的实际应用的知识,包括应用原理、技术、程序、设计、生产多种产品和服务所用的设备
12	中文语言	关于汉语语言结构和内容的知识,包括词的意义和书写、构成规则和语法
13	美术	关于音乐、舞蹈、视觉艺术、戏剧和雕塑等艺术作品的创作、制作和表现中所涉及的理论和技术知识
14	外国语	关于一门外语语言结构和内容的知识,包括单词的意义和拼写、构成规则、语法和发音
15	地理学	关于描述陆地、海洋、大气特征的原理和方法的知识,包括其物理特征、位置、相互关系,以及关于植物、动物和人类分布的知识
16	历史学与考古学	关于历史事件及其起因、标志,以及对文明和文化的影响的知识
17	法律与政府	关于法律、法规、法庭程序、判例、政府规定、行政指令、机构规则和民主政治进程的知识
18	数学	关于算术、代数、几何、微积分、统计及其应用的知识

106

续表

序号	名称	描述
19	机械	关于机械和工具的知识,包括其设计、使用、修理和保养
20	人事与人力资源	关于招聘、选拔、培训、薪酬福利、劳动关系和谈判、人事信息系统的知识
21	哲学	关于不同哲学系统和宗教流派的知识,包括基本原理、价值观、道德观、思考方式、习俗、惯例及其对人类文化的影响
22	物理学	关于物质世界的原理、定理和物质相互作用的知识和预测,以及通过实验手段去了解的关于物质、大气运动、机械、电子、原子和亚原子结构与过程的知识
23	生产与加工	关于原材料、生产过程、质量控制、成本和其他知识,并使有限物资有效和最大限度地应用到制造和分配货物中
24	心理学	关于人类行为和表现,能力、个性和兴趣的个体差异,学习与动机,心理研究方法,以及对行为和情感紊乱的评价和治疗的知识
25	销售与营销	关于展示、促销产品及服务的原则和方法的知识,包括营销策略、产品展示、销售技巧及销售控制体系
26	社会学和人类学	关于群体行为和动力学、社会趋势和影响、人类迁徙,以及种族、文化及其历史和起源的知识
27	电信学	关于电信体系中传输、播报、转换、控制和运营的知识
28	治疗与保健咨询	关于身体和精神功能紊乱的诊断、治疗、复健,以及职业咨询与指导的原则、方法和程序的知识

理为百分比,0 代表"不重要",25% 代表"有些重要",50% 代表"重要",75% 代表"非常重要",100% 代表"极其重要"。

工作要求的核心知识水平:用于定义正在工作的大学毕业生所理解的工作对各项知识的要求级别,从低到高分为一级到七级。一级代表该知识的最低水平,取值1/7;七级代表该知识的最高水平,取值1。为了帮助答题人自评级别,问卷在一到七级中分别举了三个例子,以帮助答题人理解知识水平差别。

毕业时掌握的核心知识水平:用于定义正在工作的大学毕业生所理解的在刚毕业时实际掌握的各项知识级别,从低到高分为一级到七级。一级代表该知识的最低水平,取值1/7;七级代表该知识的最高水平,取值1。为了帮助答题人自评级别,问卷在一级到七级中分别举了三个例子,以帮助答题人理解知识水平差别。

核心知识的满足度：毕业时的核心知识水平满足社会初始岗位的工作要求水平的程度，100%为完全满足。满足度计算公式的分子是毕业时的核心知识水平，分母是工作要求的核心知识水平。

（二）核心知识重要度和满足度

图 1 – 5 – 7 是 2014 届本科毕业生的各项核心知识的重要度和满足度。可以看出，2014 届本科毕业生最重要的核心知识是销售与营销知识（重要度为 66%），其满足度较低（73%）。

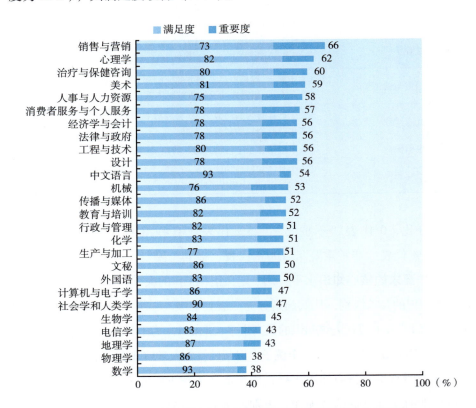

图 1 – 5 – 7 2014 届本科毕业生的各项核心知识的重要度和满足度 *

* 历史学与考古学、哲学知识由于样本较少，没有包括在内。

数据来源：麦可思 – 中国 2014 届大学毕业生社会需求与培养质量调查。

第六章
自主创业

结论摘要

一 自主创业分布

1. 2014 届大学毕业生自主创业比例为 2.9%，比 2013 届（2.3%）高 0.6 个百分点，比 2012 届（2.0%）高 0.9 个百分点。2014 届高职高专毕业生自主创业比例（3.8%）高于本科毕业生（2.0%）。从近三届的趋势可以看出，大学毕业生自主创业的比例呈现上升趋势。

2. 2014 届本科毕业生自主创业比例最高的就业经济区域为泛长江三角洲区域经济体（2.5%）。

3. 2014 届本科毕业生自主创业主要集中在销售职业类（16.3%）。2014 届本科毕业生自主创业集中的前两位行业类是教育业（13.0%）、零售商业（11.1%）。

二 自主创业动机

创业理想是 2014 届本科毕业生自主创业最重要的动力（48%），因为找不到合适的工作才创业的比例（7%）较小。加强创业意识的培养才是提升毕业生自主创业率的有效途径。

三 自主创业资金来源

2014 届本科毕业生自主创业的资金主要依靠父母/亲友投资或借贷和个人积蓄（80%），而来自商业性风险投资（2%）、政府资助（2%）的比例均较小。

一 自主创业分布

图 1－6－1 是 2012～2014 届大学毕业生自主创业的比例变化趋势。可以看出，2014 届大学毕业生自主创业比例为 2.9%，比 2013 届（2.3%）高 0.6 个百分点，比 2012 届（2.0%）高 0.9 个百分点。2014 届高职高专毕业生自主创业比例（3.8%）高于本科毕业生（2.0%）。从近三届的趋势可以看出，大学毕业生自主创业的比例呈现上升趋势。

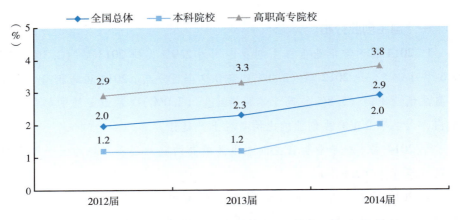

图 1－6－1　2012～2014 届大学毕业生自主创业的比例变化趋势

数据来源：麦可思－中国 2012～2014 届大学毕业生社会需求与培养质量调查。

就业经济区域自主创业比例 ＝ 在本经济区域自主创业的 2014 届大学毕业生人数／在本经济区域就业的 2014 届大学毕业生人数。

图 1－6－2 是在各经济区域就业的 2014 届本科毕业生自主创业的比例。可以看出，2014 届本科毕业生自主创业比例最高的就业经济区域为泛长江三角洲区域经济体（2.5%）。

自主创业集中的职业类的比例： 2014 届同学历层次自主创业人群中有多大比例的毕业生从事该职业类。分子是 2014 届自主创业人群中从事该职业类的毕业生人数，分母是 2014 届同学历层次毕业生自主创业的总

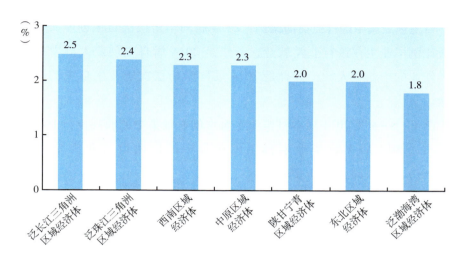

图 1 - 6 - 2　2014 届在各经济区域就业的本科毕业生自主创业的比例 *

＊西部生态经济区因为样本较少，没有包括在内。
数据来源：麦可思－中国 2014 届大学毕业生社会需求与培养质量调查。

人数。

图 1 - 6 - 3 是 2014 届本科毕业生自主创业最集中的前五位职业类。可以看出，2014 届本科毕业生自主创业主要集中在销售职业类（16.3％）。

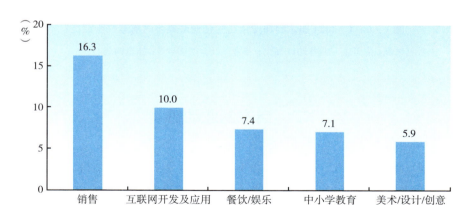

图 1 - 6 - 3　2014 届本科毕业生自主创业最集中的前五位职业类

数据来源：麦可思－中国 2014 届大学毕业生社会需求与培养质量调查。

自主创业集中的行业类的比例：2014 届同学历层次自主创业人群中有多大比例毕业生在该行业类就业，分子是 2014 届自主创业人群中在该行业类就业的毕业生人数，分母是 2014 届同学历层次毕业生自主创业的总人数。

图 1-6-4 是 2014 届本科毕业生自主创业最集中的前五位行业类。可以看出，2014 届本科毕业生自主创业集中的前两位行业类是教育业（13.0%）、零售商业（11.1%）。

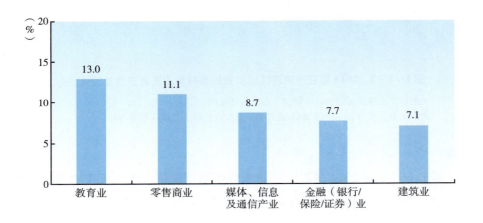

图 1-6-4　2014 届本科毕业生自主创业最集中的前五位行业类

数据来源：麦可思－中国 2014 届大学毕业生社会需求与培养质量调查。

二　自主创业动机

图 1-6-5 是 2013 届、2014 届本科毕业生自主创业的动机分布。可以看出，创业理想是 2014 届本科毕业生自主创业最重要的动力（48%），因为找不到合适的工作才创业的比例（7%）较小。加强创业意识的培养才是提升毕业生自主创业率的有效途径。

图1-6-5 2013届、2014届本科毕业生自主创业的动机分布

数据来源：麦可思-中国2013届、2014届大学毕业生社会需求与培养质量调查。

三 自主创业资金来源

图1-6-6是2013届、2014届本科毕业生自主创业的资金来源。可以看出，2014届本科毕业生自主创业的资金主要依靠父母/亲友投资或借贷和个人储蓄（80%），而来自商业性风险投资（2%）、政府资助（2%）的比例均较小。

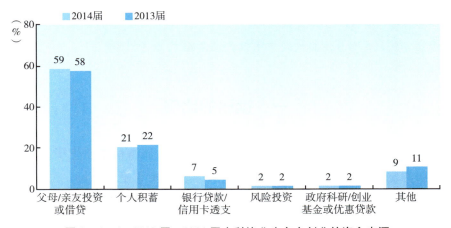

图1-6-6 2013届、2014届本科毕业生自主创业的资金来源

数据来源：麦可思-中国2013届、2014届大学毕业生社会需求与培养质量调查。

B.9

第七章
国内读研

结论摘要

1. 2014 届本科毕业生国内读研的比例为 11.7%，比 2013 届（10.8%）高 0.9 个百分点，比 2012 届（9.5%）高 2.2 个百分点，三届呈上升趋势。在 2014 届本科毕业后就读研的毕业生中，有 29% 转换了专业。

2. 在 2014 届本科学科门类中，毕业生读研比例最高的是理学（18.4%），最低的是管理学（6.3%）；读研转换专业比例最低的是医学（16%），最高的是管理学（45%）。

3. 2014 届本科毕业生读研主要的动机是就业前景好（54%）和职业发展需要（49%）。读研人群选择研究生院校时最关注的因素是所学专业的声誉（42%）和学校的牌子（23%）。

4. 2014 届本科毕业生读研的人群认为母校本科学术准备最需要改进的是研究方法（59%），其次是学术批判性思维能力（51%）。

一 读研的比例

图 1-7-1 和图 1-7-2 分别是 2012～2014 届本科毕业生毕业就在国内读研的比例，以及 2014 届本科毕业生读研转换专业的比例。可以看出，2014 届本科毕业生国内读研的比例为 11.7%，比 2013 届（10.8%）高 0.9 个百分点，比 2012 届（9.5%）高 2.2 个百分点，三届呈上升趋势。在 2014 届本科毕业后就读研的毕业生中，有 29% 转换了专业。

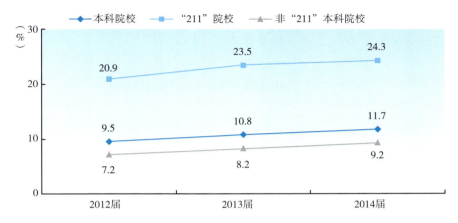

图 1 - 7 - 1 2012 ~ 2014 届本科毕业生毕业就在国内读研的比例

数据来源：麦可思 - 中国 2012 ~ 2014 届大学毕业生社会需求与培养质量调查。

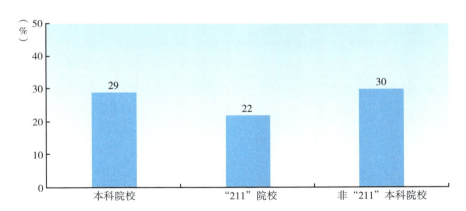

图 1 - 7 - 2 2014 届本科毕业生读研转换专业的比例

数据来源：麦可思 - 中国 2014 届大学毕业生社会需求与培养质量调查。

本科各专业毕业生读研比例 = 各专业毕业生的读研人数/该专业毕业生总人数。

本科各专业毕业生读研转换专业的比例 = 各专业读研的毕业生转换专业的人数/该专业读研毕业生总人数。

表 1 - 7 - 1 和表 1 - 7 - 2 分别是 2014 届本科主要学科门类读研比例和读研转换专业比例。可以看出，在 2014 届本科学科门类中，毕业生读研比

例最高的是理学（18.4%），最低的是管理学（6.3%）；读研转换专业比例最低的是医学（16%），最高的是管理学（45%）。

表 1-7-1　2014 届本科主要学科门类读研比例*

单位：%

本科学科门类名称	2014 届	2013 届	本科学科门类名称	2014 届	2013 届
理　　学	18.4	16.6	教 育 学	10.8	10.7
医　　学	17.8	16.8	文　　学	8.7	7.4
农　　学	16.2	13.8	经 济 学	8.3	8.0
法　　学	13.7	13.5	管 理 学	6.3	6.1
工　　学	12.1	11.9			
全国本科	**11.7**	**10.8**	**全国本科**	**11.7**	**10.8**

*个别学科门类因为样本较少，没有包括在内。

数据来源：麦可思-中国 2014 届大学毕业生社会需求与培养质量调查。

表 1-7-2　2014 届本科主要学科门类读研转换专业比例*

单位：%

本科学科门类名称	2014 届	2013 届	本科学科门类名称	2014 届	2013 届
医　　学	16	18	理　　学	30	31
工　　学	17	16	文　　学	33	30
法　　学	20	22	经 济 学	36	37
农　　学	24	27	管 理 学	45	43
教 育 学	24	18			
全国本科	**29**	**29**	**全国本科**	**29**	**29**

*个别学科门类因为样本较少，没有包括在内。

数据来源：麦可思-中国 2014 届大学毕业生社会需求与培养质量调查。

表 1-7-3　2014 届本科生毕业就读研的主要研究生专业类分布*

单位：%

主要研究生专业类	分布比例	主要研究生专业类	分布比例
电气信息类	18.3	材料科学类	1.1
机械类	8.5	物理学类	1.1
土建类	5.1	教育学类	1.0
材料类	4.7	公共管理类	1.0
电子信息科学类	4.2	新闻传播学类	0.8

主要研究生专业类	分布比例	主要研究生专业类	分布比例
临床医学与医学技术类	4.1	测绘类	0.8
工商管理类	3.9	社会学类	0.7
经济学类	3.6	统计学类	0.7
外国语言文学类	3.1	生物工程类	0.7
法学类	2.8	中医学类	0.6
化学类	2.4	地理科学类	0.6
管理科学与工程类	2.1	工程力学类	0.6
化工与制药类	2.0	历史学类	0.6
中国语言文学类	2.0	政治学类	0.5
能源动力类	1.8	体育学类	0.5
药学类	1.6	环境科学类	0.5
环境与安全类	1.6	水利类	0.5
轻工纺织食品类	1.6	心理学类	0.4
生物科学类	1.6	植物生产类	0.4
地矿类	1.6	口腔医学类	0.4
数学类	1.5	海洋工程类	0.4
仪器仪表类	1.4	预防医学类	0.3
交通运输类	1.4	航空航天类	0.3
艺术类	1.4	图书档案学类	0.3

＊个别专业类因为样本较少，没有包括在内。

数据来源：麦可思－中国2014届大学毕业生社会需求与培养质量调查。

二　读研的动机

图1-7-3和图1-7-4分别是2013届、2014届本科毕业生读研的主要动机和2013届、2014届本科院校读研的毕业生选择研究生院校时最关注的因素分布。可以看出，2014届本科毕业生读研主要的动机是就业前景好（54％）和职业发展需要（49％）。读研人群选择研究生院校时最关注的因素是所学专业的声誉（42％）和学校的牌子（23％）。

图 1 − 7 − 3　2013 届、2014 届本科毕业生读研的主要动机（多选）

数据来源：麦可思 − 中国 2013 届、2014 届大学毕业生社会需求与培养质量调查。

**图 1 − 7 − 4　2013 届、2014 届本科院校读研的毕业生选择
研究生院校时最关注的因素分布**

数据来源：麦可思 − 中国 2013 届、2014 届大学毕业生社会需求与培养质量调查。

三　读研的本科学术准备

　　图 1 − 7 − 5 是 2013 届、2014 届本科院校读研的毕业生认为母校本科学术准备需要改进的地方。可以看出，2014 届本科毕业生读研的人群认为母

校本科学术准备最需要改进的是研究方法（59%），其次是学术批判性思维能力（51%）。

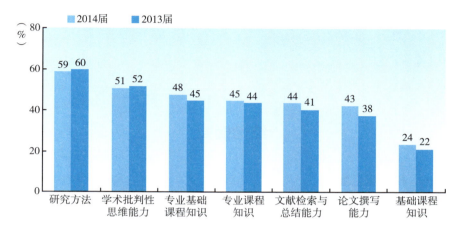

图 1－7－5　2013 届、2014 届本科院校读研的毕业生认为母校本科
学术准备需要改进的地方（多选）

数据来源：麦可思－中国 2013 届、2014 届大学毕业生社会需求与培养质量调查。

B.10
第八章
校友评价

结论摘要

一 校友满意度

1. 2014届大学毕业生对母校的总体满意度为88%，比2013届（86%）高2个百分点，比2012届（85%）高3个百分点。其中，本科院校校友满意度为89%，比2013届（87%）高2个百分点，比2012届（86%）高3个百分点；高职高专院校校友满意度为87%，比2013届（85%）高2个百分点，比2012届（83%）高4个百分点。从近三届的趋势可以看出，大学毕业生对母校的总体满意度呈现上升趋势。

2. 泛珠江三角洲区域经济体的2014届本科毕业生对母校的总体满意度最高（90%）。

3. 2014届大学毕业生对母校教学的满意度为85%，略高于2013届（83%）。其中，本科院校2014届毕业生对母校教学的满意度为83%，略高于2013届（81%）；高职高专院校2014届毕业生对母校的教学满意度为86%，略高于2013届（84%）。在本科院校中，"211"院校和非"211"本科院校毕业生对母校的教学满意度均为83%。

4. 2014届本科毕业生认为母校的教学最需要改进的地方为"实习和实践环节不够"（68%），其次为"无法调动学生学习兴趣"（48%）。

5. 2014届大学毕业生对母校学生工作的满意度为81%，与2013届（80%）基本持平。其中，本科院校2014届毕业生对母校学生工作的满意度为80%，与2013届（79%）基本持平；高职高专院校2014届毕业生对母校的学生工作满意度为81%，与2013届（80%）基本持平。在本科院校中，"211"院校和非"211"本科院校毕业生对母校的学生工作满意度均为80%。

6. 2014届本科毕业生认为母校的学生工作需要改进的地方是"与辅导员或班主任接触时间太少"（52%），其次是"解决学生问题不及时"（40%）。

7. 2014届大学毕业生对母校生活服务的满意度为81%，与2013届（80%）基本持平。其中，本科院校2014届毕业生对母校生活服务的满意度为82%，与2013届（82%）持平；高职高专院校2014届毕业生对母校的生活服务满意度为80%，略高于2013届（78%）。在本科院校中，"211"院校毕业生对母校的生活服务满意度为83%，非"211"本科院校为82%。

8. 2014届本科毕业生认为母校的生活服务需要改进的地方是"食堂饭菜质量及服务不够好"（48%），其次是"学校医院或医务室服务不够好"（35%）。

二　校友推荐度

2014届大学毕业生对母校的推荐度为63%，比2013届（60%）高3个百分点，比2012届（59%）高4个百分点。其中，本科院校毕业生对母校的推荐度为64%，比2013届、2012届（均为61%）均高3个百分点；高职高专院校为61%，比2013届（58%）高3个百分点，比2012届（57%）高4个百分点。从近三届的趋势可以看出，大学毕业生对母校的推荐度呈现上升趋势。

一　校友满意度

（一）总体校友满意度

校友满意度：由被调查的2014届大学毕业生回答对母校的总体满意

度，选项有"很满意"、"满意"、"不满意"、"很不满意"、"无法评估"五项。其中，"满意"、"很满意"属于满意的范围，"不满意"、"很不满意"属于不满意的范围。校友满意度是回答满意范围的人数百分比，计算公式的分子是回答满意范围的人数，分母是回答不满意范围和满意范围的总人数。

图1-8-1是2012～2014届大学生毕业半年后的总体校友满意度变化趋势。可以看出，2014届大学毕业生对母校的总体满意度为88%，比2013届（86%）高2个百分点，比2012届（85%）高3个百分点。其中，本科院校校友满意度为89%，比2013届（87%）高2个百分点，比2012届（86%）高3个百分点；高职高专院校校友满意度为87%，比2013届（85%）高2个百分点，比2012届（83%）高4个百分点。从近三届的趋势可以看出，大学毕业生对母校的总体满意度呈现上升趋势。

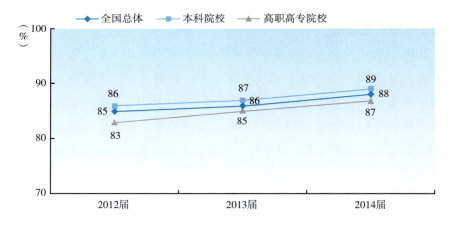

图1-8-1 2012～2014届大学生毕业半年后的总体校友满意度变化趋势

数据来源：麦可思-中国2012～2014届大学毕业生社会需求与培养质量调查。

图1-8-3是各经济区域的2013届、2014届本科毕业生对母校的满意度。可以看出，泛珠江三角洲区域经济体的2014届本科毕业生对母校的总体满意度最高（90%）。

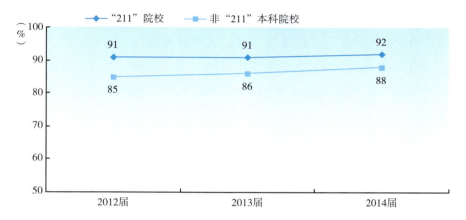

图 1 - 8 - 2 2012 ~ 2014 届本科生毕业半年后的总体校友满意度变化趋势

数据来源：麦可思 - 中国 2012 ~ 2014 届大学毕业生社会需求与培养质量调查。

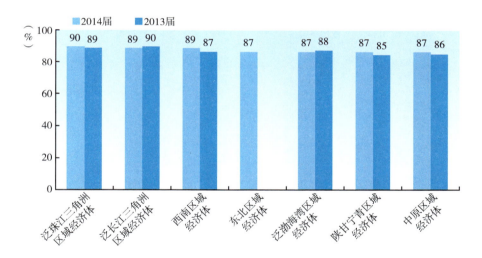

图 1 - 8 - 3 各经济区域的 2013 届、2014 届本科毕业生对母校的满意度[*]

* 东北区域经济体 2013 届因为样本较少，没有包括在内。西部生态经济区因为样本较少，没有包括在内。

数据来源：麦可思 - 中国 2013 届、2014 届大学毕业生社会需求与培养质量调查。

（二）教学满意度

教学满意度：由被调查的 2014 届大学毕业生回答对母校的教学满意

度，选项有"很满意"、"满意"、"不满意"、"很不满意"、"无法评估"五项。其中，"满意"、"很满意"属于满意的范围，"不满意"、"很不满意"属于不满意的范围。教学满意度是回答满意范围的人数百分比，计算公式的分子是回答满意范围的人数，分母是回答不满意范围和满意范围的总人数。

图1-8-4是2013届、2014届毕业生的总体教学满意度。可以看出，2014届大学毕业生对母校教学的满意度为85%，略高于2013届（83%）。其中，本科院校2014届毕业生对母校教学的满意度为83%，略高于2013届（81%）；高职高专院校2014届毕业生对母校的教学满意度为86%，略高于2013届（84%）。在本科院校中，"211"院校和非"211"本科院校毕业生对母校的教学满意度均为83%。

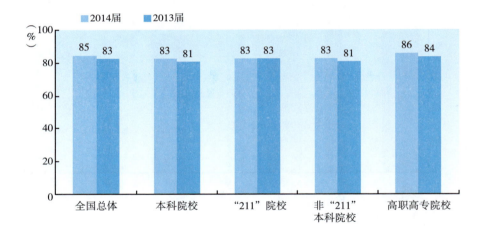

图1-8-4 2013届、2014届毕业生的总体教学满意度

数据来源：麦可思-中国2013届、2014届大学毕业生社会需求与培养质量调查。

图1-8-5是2013届、2014届本科毕业生认为母校的教学需要改进的地方。可以看出，2014届本科毕业生认为母校的教学最需要改进的地方为"实习和实践环节不够"（68%），其次为"无法调动学生学习兴趣"（48%）。

图 1 - 8 - 5　**2013 届、2014 届本科毕业生认为母校的**
教学需要改进的地方（多选）

数据来源：麦可思 - 中国 2013 届、2014 届大学毕业生社会需求与培养质量调查。

（三）学生工作满意度

学生工作满意度：由被调查的 2014 届大学毕业生回答对母校的学生工作满意度，选项有"很满意"、"满意"、"不满意"、"很不满意"、"无法评估"五项。其中，"满意"、"很满意"属于满意的范围，"不满意"、"很不满意"属于不满意的范围。学生工作满意度是回答满意范围的人数所占百分比，计算公式的分子是回答满意范围的人数，分母是回答不满意和满意范围的总人数。

图 1 - 8 - 6 是 2013 届、2014 届毕业生的总体学生工作满意度。可以看出，2014 届大学毕业生对母校学生工作的满意度为 81%，与 2013 届（80%）基本持平。其中，本科院校 2014 届毕业生对母校学生工作的满意度为 80%，与 2013 届（79%）基本持平；高职高专院校 2014 届毕业生对母校的学生工作满意度为 81%，与 2013 届（80%）基本持平。在本科院校中，"211"院校和非"211"本科院校毕业生对母校的学生工作满意度均为 80%。

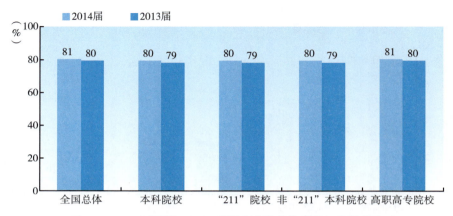

图 1-8-6　2013 届、2014 届毕业生的总体学生工作满意度

数据来源：麦可思 - 中国 2013 届、2014 届大学毕业生社会需求与培养质量调查。

图 1-8-7 是 2013 届、2014 届本科毕业生认为母校的学生工作需要改进的地方。可以看出，2014 届本科毕业生认为母校的学生工作需要改进的地方是"与辅导员或班主任接触时间太少"（52%），其次是"解决学生问题不及时"（40%）。

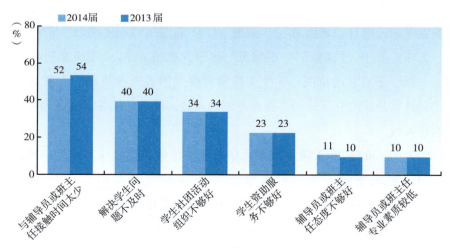

图 1-8-7　2013 届、2014 届本科毕业生认为母校的
学生工作需要改进的地方（多选）

数据来源：麦可思 - 中国 2013 届、2014 届大学毕业生社会需求与培养质量调查。

（四）生活服务满意度

生活服务满意度：由被调查的 2014 届大学毕业生回答对母校的生活服务满意度，选项有"很满意"、"满意"、"不满意"、"很不满意"、"无法评估"五项。其中，"满意"、"很满意"属于满意的范围，"不满意"、"很不满意"属于不满意的范围。生活服务满意度是回答满意范围的人数百分比，计算公式的分子是回答满意范围的人数，分母是回答不满意范围和满意范围的总人数。

图 1 – 8 – 8 是 2013 届、2014 届毕业生的总体生活服务满意度。可以看出，2014 届大学毕业生对母校生活服务的满意度为 81%，与 2013 届（80%）基本持平。其中，本科院校 2014 届毕业生对母校生活服务的满意度为 82%，与 2013 届（82%）持平；高职高专院校 2014 届毕业生对母校的生活服务满意度为 80%，略高于 2013 届（78%）。在本科院校中，"211"院校毕业生对母校的生活服务满意度为 83%，非"211"本科院校为 82%。

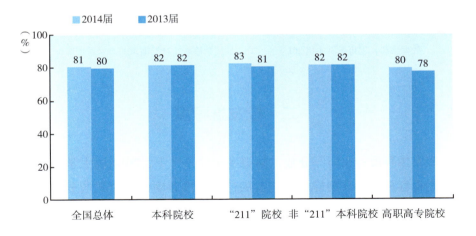

图 1 – 8 – 8 2013 届、2014 届毕业生的总体生活服务满意度

数据来源：麦可思 – 中国 2013 届、2014 届大学毕业生社会需求与培养质量调查。

图 1 − 8 − 9 是 2013 届、2014 届本科毕业生认为母校的生活服务需要改进的地方。可以看出，2014 届本科毕业生认为母校的生活服务需要改进的地方是"食堂饭菜质量及服务不够好"（48%），其次是"学校医院或医务室服务不够好"（35%）。

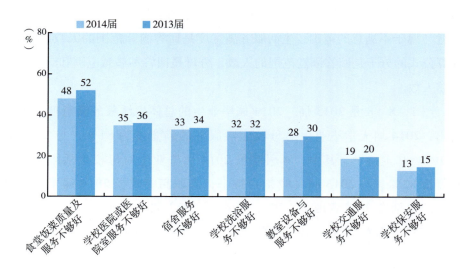

图 1 − 8 − 9　2013 届、2014 届本科毕业生认为母校的
生活服务需要改进的地方（多选）

数据来源：麦可思 − 中国 2013 届、2014 届大学毕业生社会需求与培养质量调查。

二　校友推荐度

校友推荐度：在同等分数、同类型学校条件下，2014 届大学毕业生是否愿意推荐母校给亲朋好友去就读的比例。推荐度计算公式的分子是回答"愿意推荐"的人数，分母是回答"愿意推荐"、"不愿意推荐"、"不确定"的总人数。

图 1 − 8 − 10 是 2012 ~ 2014 届大学生毕业半年后对母校的推荐度变化趋势。2014 届大学毕业生对母校的推荐度为 63%，比 2013 届（60%）高 3 个

百分点，比 2012 届（59%）高 4 个百分点。其中，本科院校毕业生对母校的推荐度为 64%，比 2013 届、2012 届（均为 61%）均高 3 个百分点；高职高专院校为 61%，比 2013 届（58%）高 3 个百分点，比 2012 届（57%）高 4 个百分点。从近三届的趋势可以看出，大学毕业生对母校的推荐度呈现上升趋势。

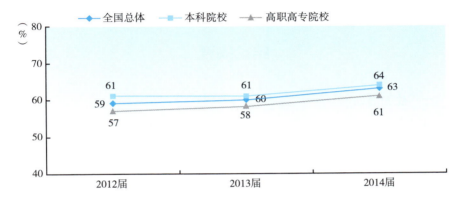

图 1 – 8 – 10 2012～2014 届大学生毕业半年后对母校的推荐度变化趋势

数据来源：麦可思 – 中国 2012～2014 届大学毕业生社会需求与培养质量调查。

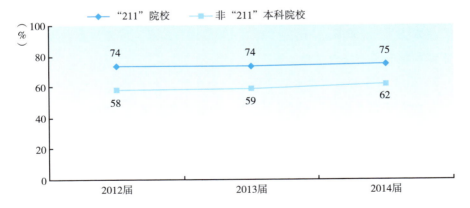

图 1 – 8 – 11 2012～2014 届本科生毕业半年后对母校的推荐度变化趋势

数据来源：麦可思 – 中国 2012～2014 届大学毕业生社会需求与培养质量调查。

B.11

第九章
社团活动及素养

结论摘要

一 社团活动

2014届本科毕业生在校期间参与度最高的社团活动为"公益类"（31%），其次为"体育户外类"（18%）。有24%的本科毕业生没有参加任何社团活动。在对参加的各类社团活动进行评价时，2014届本科毕业生满意度最高的活动为"公益类"（83%）。

二 素养

1. 2014届本科工程类专业毕业生认为在校期间大学对自己素养提升较高的方面为"团队合作"（61%）、"人生的乐观态度"（60%）、"积极努力、追求上进"（57%）；此外，还有4%的本科工程类专业毕业生认为大学对素养的提升没有任何帮助。

2. 2014届本科艺术类专业毕业生认为在校期间大学对自己素养提升较高的方面为"艺术修养"（72%）、"人生的乐观态度"（59%）、"积极努力、追求上进"（58%）；此外，还有3%的本科艺术类专业毕业生认为大学对素养的提升没有任何帮助。

3. 2014届本科医学类专业毕业生认为在校期间大学对自己素养提升较高的方面为"健康卫生"（58%）、"积极努力、追求上进"（57%）、"人生的乐观态度"（56%）、"职业道德"（54%）；此外，还有3%的本科医学类专业毕业生认为大学对素养的提升没有任何帮助。

4. 2014届本科其他类专业毕业生认为在校期间大学对自己素养提升较

高的方面为"积极努力、追求上进"（60%）、"人生的乐观态度"（60%）、"包容精神"（54%）；此外，还有3%的本科其他类专业毕业生认为大学对素养的提升没有任何帮助。

一　社团活动

　　社团活动：指被调查的毕业生在大学期间参加过的社团活动。社团活动包括："学术科技类（如统计协会、哲学社、英语角等）"、"社会实践类（如创业协会等）"、"公益类（如志愿者协会等）"、"社交联谊类"、"文化艺术类"（如文学社、书画协会等）"、"表演艺术类（如演讲与口才、歌舞戏剧、声乐器乐协会等）"、"体育户外类"，一个毕业生可以选择参加多类社团活动，也可以选择"没参加任何社团活动"。

　　社团活动满意度：毕业生选择了参加某类社团活动后，会被要求评价对该类社团活动是否满意。社团活动满意度=参加过该类社团活动并表示满意的人数/参加过该类社团活动的人数。

　　图1-9-1是2014届本科毕业生参加社团活动的比例及满意度。可以看出，2014届本科毕业生在校期间参与度最高的社团活动为"公益类"（31%），其次为"体育户外类"（18%）。有24%的本科毕业生没有参加任何社团活动。在对参加的各类社团活动进行评价时，2014届本科毕业生满意度最高的活动为"公益类"（83%）。

二　素养

　　素养提升：由被调查的毕业生选择大学对哪些方面素养的提升有帮助。毕业生可选择多项，也可选择大学对素养提升"没有任何帮助"。

　　图1-9-2是2014届本科工程类专业毕业生大学期间的素养提升。可以看出，2014届本科工程类专业毕业生认为在校期间大学对自己素养提升

图 1 - 9 - 1 2014 届本科毕业生参加社团活动的比例及满意度（多选）

数据来源：麦可思 - 中国 2014 届大学毕业生社会需求与培养质量调查。

较高的方面为"团队合作"（61%）、"人生的乐观态度"（60%）、"积极努力、追求上进"（57%）；此外，还有 4% 的本科工程类专业毕业生认为大学对素养的提升没有任何帮助。

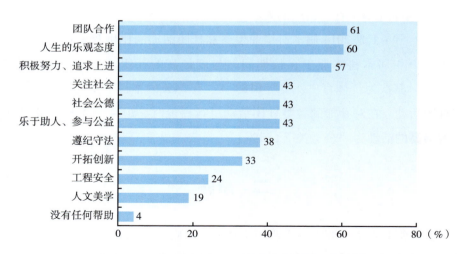

图 1 - 9 - 2 2014 届本科工程类专业毕业生大学期间的素养提升（多选）

数据来源：麦可思 - 中国 2014 届大学毕业生社会需求与培养质量调查。

　　图 1 - 9 - 3 是 2014 届本科艺术类专业毕业生大学期间的素养提升。可以看出，2014 届本科艺术类专业毕业生认为在校期间大学对自己素养提升较高的方面为"艺术修养"（72%）、"人生的乐观态度"（59%）、"积极努力、追求上进"（58%）；此外，还有 3% 的本科艺术类专业毕业生认为大学对素养的提升没有任何帮助。

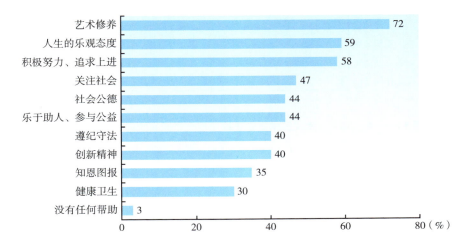

图 1 - 9 - 3　2014 届本科艺术类专业毕业生大学期间的素养提升（多选）

数据来源：麦可思 - 中国 2014 届大学毕业生社会需求与培养质量调查。

　　图 1 - 9 - 4 是 2014 届本科医学类专业毕业生大学期间的素养提升。可以看出，2014 届本科医学类专业毕业生认为在校期间大学对自己素养提升较高的方面为"健康卫生"（58%）、"积极努力、追求上进"（57%）、"人生的乐观态度"（56%）、"职业道德"（54%）；此外，还有 3% 的本科医学类专业毕业生认为大学对素养的提升没有任何帮助。

　　图 1 - 9 - 5 是 2014 届本科其他类专业毕业生大学期间的素养提升。可以看出，2014 届本科其他类专业毕业生认为在校期间大学对自己素养提升较高的方面为"积极努力、追求上进"（60%）、"人生的乐观态度"（60%）、"包容精神"（54%）；此外，还有 3% 的本科其他类专业毕业生认为大学对素养的提升没有任何帮助。

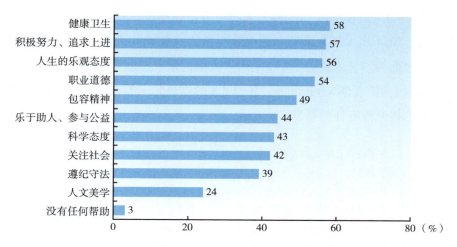

图1-9-4　2014届本科医学类专业毕业生大学期间的素养提升（多选）

数据来源：麦可思－中国2014届大学毕业生社会需求与培养质量调查。

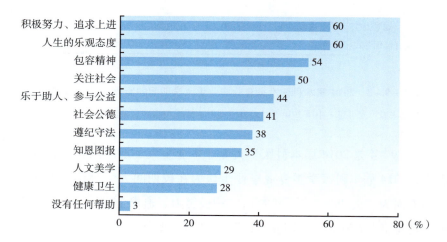

图1-9-5　2014届本科其他类专业毕业生大学期间的素养提升（多选）*

＊此处其他类专业是指本科除工程类、艺术类、医学类之外的专业。
数据来源：麦可思－中国2014届大学毕业生社会需求与培养质量调查。

分报告二　本科毕业生中期
　　　　　职业发展报告

B.12

第一章

三年后毕业去向

结论摘要

一　总体分布

2011 届大学生毕业三年后有 87.8% 受雇全职工作（本科为 90.3%，高职高专为 85.4%），5.5% 的人自主创业（本科为 3.3%，高职高专为 7.7%），2.3% 的人正在读研（本科为 3.7%，高职高专为 0.8%），2.2% 的人"无工作，继续寻找工作"（本科为 1.4%，高职高专为 3.0%），还有 2.1% 的人无工作，且既没有求职也没有求学（本科为 1.3%，高职高专为 2.9%），有 0.2% 的高职高专毕业生正在读本科。

二　职业分布

1. 有41%的2011届大学生毕业三年内转换了职业（本科为33%，高职高专为49%），与2010届三年内该指标（41%）持平。

2. 在2011届本科主要学科门类中，农学和文学门类的本科生毕业三年内的职业转换率最高（均为41%），其次是教育学（35%）；医学门类的职业转换率最低（19%）。

3. 在2011届本科生毕业三年内转换过的职业类中，被转入最多的是"销售"（13.6%），其次为"行政/后勤"（9.6%）。

三　行业分布

1. 有48%的2011届大学生在毕业三年内转换了行业（本科为41%，高职高专为55%），与2010届三年内该指标（48%）持平。

2. 在2011届本科主要学科门类中，文学门类的毕业生三年内的行业转换率最高（47%），其次是农学（46%）；医学门类的行业转换率最低（21%）。

3. 2011届本科生毕业三年内转换行业中被转入最多的行业类是"媒体、信息及通信产业"（10.3%），其次为"政府及公共管理"（9.9%）。

一　总体分布

毕业三年后：麦可思于2014年对2011届大学毕业生进行了三年后调查跟踪（曾于2012年年初对这批大学毕业生进行过半年后调查），本报告涉及的三年内的变化分析即使用两次对同一批大学生的跟踪调查数据。

图2-1-1是2011届大学生毕业三年后的就业去向分布。可以看出，2011届大学生毕业三年后有87.8%受雇全职工作（本科为90.3%，高职高专为85.4%），5.5%的人自主创业（本科为3.3%，高职高专为7.7%），2.3%的人正在读研（本科为3.7%，高职高专为0.8%），2.2%的人"无工作，继续寻找工作"（本科为1.4%，高职高专为3.0%），还有2.1%的人无工作，且既没有求职也没有求学（本科为1.3%，高职高专为2.9%），有0.2%的高职高专毕业生正在读本科。

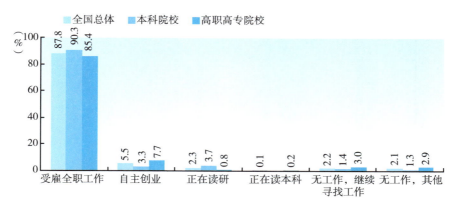

图 2 - 1 - 1　2011 届大学生毕业三年后的去向分布

数据来源：麦可思 - 中国 2011 届大学毕业生三年后职业发展调查。

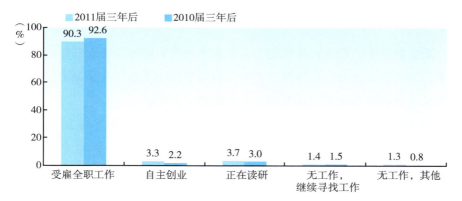

图 2 - 1 - 2　2011 届本科生毕业三年后的去向分布（与 2010 届三年后对比）*

　　* 图中显示数字均保留一位小数，因为四舍五入进位，加起来可能不等于 100% 。
　　数据来源：麦可思 - 中国 2010 届、2011 届大学毕业生三年后职业发展调查。

二　职业分布

　　职业转换：职业转换是指毕业生在毕业半年后从事某种职业，毕业三年后由原职业转换到不同的职业。通常在工作单位内部完成转换职业并不代表离职；反过来讲，更换雇主可能也不代表转换职业。

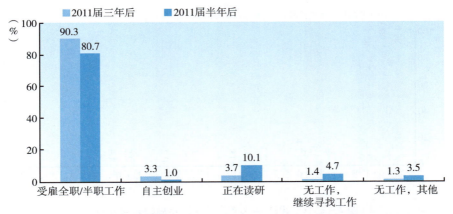

图 2 - 1 - 3　2011 届本科生毕业三年后的去向分布（与 2011 届半年后对比）

数据来源：麦可思 - 中国 2011 届大学毕业生三年后职业发展调查，2011 届大学生毕业半年后社会需求与培养质量调查。

职业转换率：职业转换率是指有多大比例的毕业生在毕业三年内转换了职业。其计算方法为：分母是毕业半年后有工作的毕业生数，分子是毕业三年后从事的职业与半年后从事的职业不同的毕业生数。

图 2 - 1 - 4 是 2011 届大学生毕业三年内的职业转换率（与 2010 届三年内对比）。可以看出，有 41% 的 2011 届大学生毕业三年内转换了职业（本科为 33%，高职高专为 49%），与 2010 届三年内该指标（41%）持平。

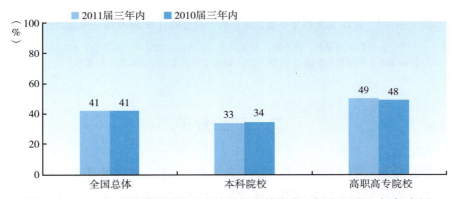

图 2 - 1 - 4　2011 届大学生毕业三年内的职业转换率（与 2010 届三年内对比）

数据来源：麦可思 - 中国 2010 届、2011 届大学毕业生三年后职业发展调查，2010 届、2011 届大学毕业生半年后社会需求与培养质量调查。

表 2 – 1 – 1 是 2011 届本科主要学科门类毕业三年内的职业转换率。可以看出，在 2011 届本科主要学科门类中，农学和文学门类的本科生毕业三年内的职业转换率最高（均为 41%），其次是教育学（35%）；医学门类的职业转换率最低（19%）。

表 2 – 1 – 1　2011 届本科主要学科门类毕业三年内的
职业转换率（与 2010 届三年内对比）*

单位：%

本科学科门类名称	2011 届三年内职业转换率	2010 届三年内职业转换率
农　学	41	44
文　学	41	42
教　育　学	35	33
经　济　学	34	37
管　理　学	34	34
法　学	34	36
理　学	33	34
工　学	30	32
医　学	19	22
全国本科	**33**	**34**

＊个别学科门类因为样本较少，没有包括在内。

数据来源：麦可思 – 中国 2010 届、2011 届大学毕业生三年后职业发展调查，2010 届、2011 届大学毕业生半年后社会需求与培养质量调查。

图 2 – 1 – 5 和图 2 – 1 – 6 分别是 2011 届本科生毕业三年内职业转换率最高/最低的前五位专业类。可以看出，2011 届本科生毕业三年内职业转换率最高的专业类是轻工纺织食品类（47%），最低的专业类是临床医学与医学技术类（11%）。

图 2 – 1 – 7 是 2011 届本科生毕业三年内转换职业中被转入最多的前十位职业类。可以看出，在 2011 届本科生毕业三年内转换过的职业类中，被转入最多的是"销售"（13.6%），其次为"行政/后勤"（9.6%）。

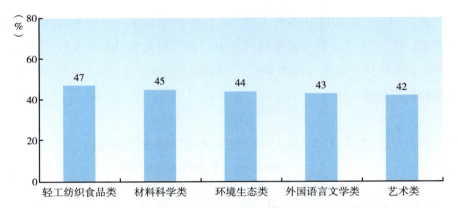

图 2 – 1 – 5　2011 届本科生毕业三年内职业转换率最高的前五位专业类[*]

　　[*] 毕业生规模过小的专业类不包括在此排序中。

　　数据来源：麦可思 – 中国2011届大学毕业生三年后职业发展调查，2011 届大学毕业生半年后社会需求与培养质量调查。

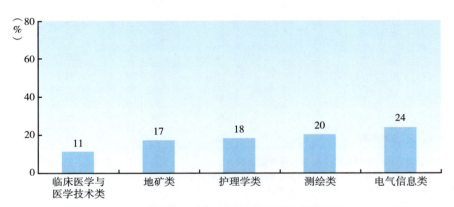

图 2 – 1 – 6　2011 届本科生毕业三年内职业转换率最低的前五位专业类[*]

　　[*] 毕业生规模过小的专业类不包括在此排序中。

　　数据来源：麦可思 – 中国2011届大学毕业生三年后职业发展调查，2011 届大学毕业生半年后社会需求与培养质量调查。

三　行业分布

　　行业转换率：行业转换是指毕业生在毕业半年后就业于某行业（小类），而毕业三年后进入不同的行业就业。行业转换率是指有多大比例的毕

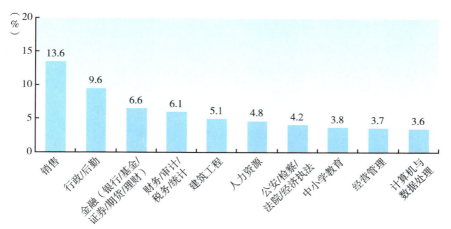

图 2－1－7　2011 届本科生毕业三年内转换职业中被转入最多的前十位职业类*

　　* 毕业生规模过小的职业类不包括在此排序中。

　　数据来源：麦可思－中国 2011 届大学毕业生三年后职业发展调查，2011 届大学毕业生半年后社会需求与培养质量调查。

业生在毕业三年内转换了行业。其计算方法为：分母是毕业半年后有工作的毕业生数，分子是毕业三年后所在行业与半年后所在行业不同的毕业生数。

　　图 2－1－8 是 2011 届大学生毕业三年内的行业转换率（与 2010 届三年内对比）。可以看出，有 48% 的 2011 届大学生在毕业三年内转换了行业（本科为 41%，高职高专为 55%），与 2010 届三年内该指标（48%）持平。

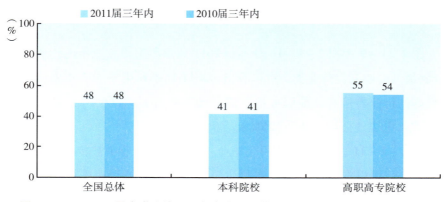

图 2－1－8　2011 届大学生毕业三年内的行业转换率（与 2010 届三年内对比）

　　数据来源：麦可思－中国 2010 届、2011 届大学毕业生三年后职业发展调查，2010 届、2011 届大学毕业生半年后社会需求与培养质量调查。

表2－1－2是2011届本科主要学科门类三年内的行业转换率。可以看出，在2011届本科主要学科门类中，文学门类的毕业生三年内的行业转换率最高（47%），其次是农学（46%）；医学门类的行业转换率最低（21%）。

表2－1－2 2011届本科主要学科门类三年内的
行业转换率（与2010届三年内对比）*

单位：%

本科学科门类名称	2011届三年内行业转换率	2010届三年内行业转换率
文　　学	47	46
农　　学	46	48
管　理　学	45	46
法　　学	39	39
理　　学	39	39
工　　学	39	39
经　济　学	38	40
教　育　学	32	30
医　　学	21	23
全国本科	41	41

＊个别学科门类因为样本较少，没有包括在内。

数据来源：麦可思－中国2010届、2011届大学毕业生三年后职业发展调查，2010届、2011届大学毕业生半年后社会需求与培养质量调查。

图2－1－9和图2－1－10分别是2011届本科生毕业三年内行业转换率最高/最低的前五位行业类。可以看出，2011届本科生毕业三年内行业转换率最高的行业类是"其他服务也（除行政服务外）"（66%），最低的行业类是"水电煤气公用事业"（25%）。

图2－1－11是2011届本科生毕业三年内转换行业中被转入最多的前五位行业类。可以看出，2011届本科生毕业三年内转换行业中被转入最多的行业类是"媒体、信息及通信产业"（10.3%），其次为"政府及公共管理"（9.9%）。

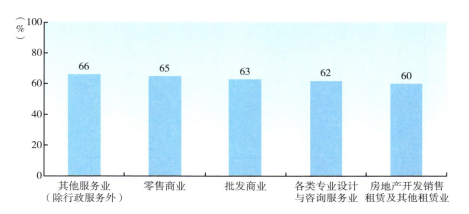

图2-1-9 2011届本科生毕业三年内行业转换率最高的前五位行业类*

*毕业生规模过小的行业类不包括在此排序中。

数据来源：麦可思-中国2011届大学毕业生三年后职业发展调查，2011届大学毕业生半年后社会需求与培养质量调查。

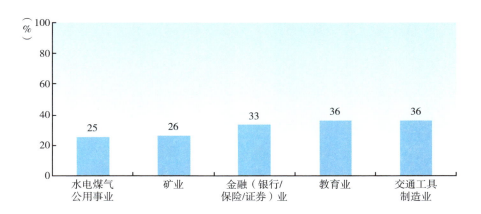

图2-1-10 2011届本科生毕业三年内行业转换率最低的前五位行业类*

*毕业生规模过小的行业类不包括在此排序中。

数据来源：麦可思-中国2011届大学毕业生三年后职业发展调查，2011届大学毕业生半年后社会需求与培养质量调查。

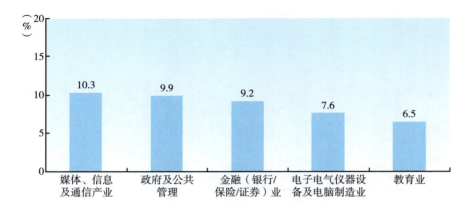

图2-1-11 2011届本科生毕业三年内转换行业中被转入最多的前五位行业类*

　*毕业生规模过小的行业类不包括在此排序中。

　数据来源：麦可思-中国2011届大学毕业生三年后职业发展调查，2011届大学毕业生半年后社会需求与培养质量调查。

第二章
三年后就业质量

结论摘要

一 就业满意度

1. 2011届大学生毕业三年后的就业满意度为50%，即在就业的毕业生中，有50%对自己的就业现状表示满意（本科为52%，高职高专为47%），比2010届该指标（43%）增长了7个百分点。

2. 2011届本科生毕业三年后就业满意度最高的学科门类是法学（56%），就业满意度最低的学科门类是农学（49%）。

3. 2011届本科生毕业三年后就业满意度最高的职业类是"律师/律政调查员"（63%），就业满意度最低的职业类是"服装/纺织/皮革"（36%）。

4. 2011届本科生毕业三年后就业满意度最高的行业类是"金融（银行/保险/证券）业"（60%），就业满意度最低的行业类是"机械五金制造业"、"初级金属制造业"（均为41%）。

5. 2011届大学生毕业三年后就业满意度最高的用人单位类型是"政府机构/科研或其他事业单位"（59%），就业满意度最低的用人单位类型是"民营企业/个体"（47%）。

二 薪资分析

1. 2011届大学生毕业三年后平均月收入为5484元（本科为6155元，高职高专为4812元）。2011届毕业生半年后的月收入为2766元（本科为3051元，高职高专为2482元），三年来月收入增长2718元，涨幅为98%。其中，本科增长3104元，涨幅为102%；高职高专增长2330元，涨幅为

94%。

2. 2011届本科生毕业三年后有14.2%的人月收入达到了10000元及以上，有6.1%的人月收入在3000元以下。

3. 2011届本科生毕业三年后学历提升为硕士的比例为13.5%，高职高专生毕业三年后学历提升为本科的比例为30.7%。

4. 2011届大学毕业生在毕业三年后学历提升人群的月收入为5394元，略低于学历一直未提升人群的月收入（5518元）。其中，本科毕业三年后学历为硕士人群的月收入为6088元，学历仍然为本科人群的月收入为6180元。高职高专毕业三年后学历为本科人群的月收入为4699元，学历仍然为高职高专人群的月收入为4855元。提升学历人群可能因毕业时间短还不能展示学历提升带来的更大的教育回报。

5. 2011届本科学科门类中毕业三年后月收入最高的是工学，为6741元，高于该学科门类半年后月收入（3297元）3444元；三年后月收入最低的是教育学（5290元），高于该学科门类半年后月收入（2621元）2669元。

6. 2011届本科生毕业三年后从事"互联网开发及应用"职业类的三年后月收入最高，为8289元，高于半年后从事该职业类的本科毕业生月收入（3954元）4335元，涨幅为110%。毕业三年后月收入最低的是从事"中小学教育"类的本科毕业生，为4497元，高于毕业半年后从事该职业类的本科毕业生月收入（2605元）1892元。

7. 2011届本科生毕业三年后在"媒体、信息及通信产业"就业的毕业生月收入最高，为7561元，高于半年后在该行业类就业的毕业生月收入（3508元）4053元；毕业三年后月收入最低的是就业于"政府及公共管理"的本科毕业生，为4543元，月收入涨幅也最小，高于半年后在该行业类就业的毕业生月收入（2669元）1874元。

8. 2011届本科生毕业后在"中外合资/外资/独资"单位就业的三年后月收入（7364元）最高；而在"民营企业/个体"就业的三年后月收入涨幅比例最大，为123%。

9. 2011届本科生毕业后在3000人以上规模的大型用人单位就业的三年

后月收入最高（6992元）。

10. 2011届本科生毕业三年后在泛珠江三角洲区域经济体就业的月收入最高（6922元），比毕业半年后增长3597元，涨幅为108%；在中原区域经济体就业的本科生毕业三年后月收入最低（5062元），比毕业半年后增长2472元，涨幅最小，为95%。

三　职位晋升

1. 2011届大学生毕业三年内有57%的人获得职位晋升。其中本科这一比例为54%，低于高职高专毕业生的晋升比例（60%）。

2. 2011届本科农学门类毕业生三年内获得职位晋升的比例最高（58%），医学门类获得职位晋升的比例最低（46%）。

3. 2011届本科从事"房地产经营"职业类的毕业生三年内获得职位晋升的比例最高（76%），从事"公安/检察/法院/经济执法"职业类的毕业生职位晋升的比例最低（32%）。

4. 2011届本科在"住宿和饮食业"就业的毕业生毕业三年内获得职位晋升的比例最高（73%），在"政府及公共管理"领域就业的毕业生职位晋升的比例最低（32%）。

5. 2011届大学生毕业三年内平均获得职位晋升0.9次，其中本科为0.8次，略低于高职高专毕业生（1.0次）。

6. 2011届本科生毕业三年内，有32%获得过1次晋升，有7%获得过3次及以上的晋升。

7. 2011届本科农学门类的毕业生三年内获得职位晋升的次数最多（1.0次），医学门类的本科生毕业三年内获得职位晋升的次数最少（0.6次）。

8. 2011届本科从事"房地产经营"职业类的毕业生三年内获得职位晋升的次数最多（1.5次），从事"公安/检察/法院/经济执法"职业类的毕业生职位晋升次数最少（0.4次）。

9. 2011届本科在"住宿和饮食业"就业的毕业生三年内获得职位晋升的次数最多（1.4次），在"政府及公共管理"领域就业的毕业生获得职位

晋升的次数最少（0.4 次）。

10. 2011 届本科毕业生职位晋升的类型主要是薪资的增加（76%）、工作职责的增加（73%）。

11. 2011 届本科毕业生认为对职位晋升有帮助的大学活动主要是课外自学的知识和技能（含培训）（45%）、课堂上所学的知识和技能（36%）。

四 工作与专业相关度

1. 2011 届大学生毕业三年后工作与专业相关度为 61%，比 2011 届半年后（64%）低 3 个百分点，与 2010 届三年后（62%）基本持平。其中，本科毕业三年后工作与专业相关度为 65%，比毕业半年后（67%）低 2 个百分点；高职高专毕业三年后工作与专业相关度为 56%，比毕业半年后（60%）低 4 个百分点。

2. 在本科学科门类中，毕业三年后工作与专业相关度最高的是医学（85%），其次是工学（69%），农学门类毕业三年后工作与专业相关度最低（49%）。法学门类毕业三年后工作与专业相关度（59%）比毕业半年后（48%）提高了 11 个百分点。

五 雇主数

1. 2011 届大学毕业生毕业三年内平均为 2.3 个雇主工作过，其中本科毕业生的平均雇主数为 2.0 个，低于高职高专毕业生的平均雇主数（2.5 个）。

2. 2011 届本科的艺术类毕业生三年内平均雇主数最多（2.4 个），本科地矿类、临床医学与医学技术类、水利类和护理学类毕业生平均雇主数（均为 1.6 个）最少。

3. 有 38% 的本科生毕业三年内仅为 1 个雇主工作过，33% 有 2 个雇主，8% 有 4 个及以上雇主。

4. 在 2011 届本科毕业生中，毕业三年内一直为 1 个雇主工作的毕业生月收入最高（6494 元）。工作过的雇主数越多，其月收入反而越低；为 5 个及以上雇主工作过的本科生毕业三年后月收入最低，仅为 5535 元。

一 就业满意度

（一）总体就业满意度

三年后就业满意度：在被调查的毕业生中，由就业人群对自己目前的就业现状进行主观判断，选项有"很满意"、"满意"、"不满意"、"很不满意"、"无法评估"五项。其中选择"满意"或"很满意"的人属于对就业现状满意，选择"不满意"或"很不满意"的人属于对就业现状不满意，就业人群包括"受雇全职工作"、"自主创业"人群。

图 2 - 2 - 1 是 2011 届大学生毕业三年后的就业满意度。可以看出，2011 届大学生毕业三年后的就业满意度为 50%，即在就业的毕业生中，有 50% 对自己的就业现状表示满意（本科为 52%，高职高专为 47%），比 2010 届该指标（43%）增长了 7 个百分点。

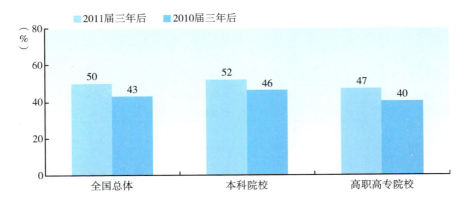

图 2 - 2 - 1　2011 届大学生毕业三年后的就业满意度（与 2010 届三年后对比）

数据来源：麦可思 - 中国 2010 届、2011 届大学毕业生三年后职业发展调查。

（二）主要专业的就业满意度

表 2 - 2 - 1 是 2011 届本科主要学科门类毕业生毕业三年后的就业满意

度。可以看出，2011 届本科生毕业三年后就业满意度最高的学科门类是法学（56%），就业满意度最低的学科门类是农学（49%）。

表 2 – 2 – 1　2011 届本科主要学科门类毕业生毕业三年后的就业满意度*

单位：%

本科学科门类名称	就业满意度	本科学科门类名称	就业满意度
法　学	56	管理学	53
经济学	55	理　学	50
文　学	55	工　学	50
教育学	53	农　学	49
医　学	53		
全国本科	52	全国本科	52

*个别学科门类因为样本较少，没有包括在内。
数据来源：麦可思 – 中国 2011 届大学毕业生三年后职业发展调查。

表 2 – 2 – 2　2011 届本科主要专业类毕业生毕业三年后的就业满意度*

单位：%

本科专业类名称	就业满意度	本科专业类名称	就业满意度
地矿类	58	生物工程类	51
法学类	58	物理学类	51
中国语言文学类	57	材料科学类	50
统计学类	57	土建类	50
外国语言文学类	56	环境科学类	50
教育学类	56	管理科学与工程类	50
经济学类	56	水利类	50
公共管理类	55	生物科学类	50
护理学类	55	艺术类	50
心理学类	54	化学类	50
新闻传播学类	54	化工与制药类	50
测绘类	54	轻工纺织食品类	49
社会学类	54	仪器仪表类	49
电气信息类	53	能源动力类	49
工商管理类	53	环境与安全类	49
植物生产类	53	环境生态类	47
体育学类	53	交通运输类	47

本科专业类名称	就业满意度	本科专业类名称	就业满意度
电子信息科学类	53	材料类	47
药学类	53	地理科学类	47
临床医学与医学技术类	52	历史学类	46
政治学类	52	机械类	46
数学类	52		
全国本科	**52**	**全国本科**	**52**

＊个别专业类因为样本较少，没有包括在内。

数据来源：麦可思－中国2011届大学毕业生三年后职业发展调查。

（三）主要职业的就业满意度

图2－2－2和图2－2－3分别是2011届本科生毕业三年后就业满意度最高和最低的前五位职业类。可以看出，2011届本科生毕业三年后就业满意度最高的职业类是"律师/律政调查员"（63%），就业满意度最低的职业类是"服装/纺织/皮革"（36%）。

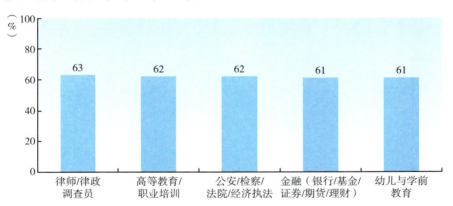

图2－2－2　2011届本科生毕业三年后就业满意度最高的前五位职业类＊

＊毕业生规模过小的职业类不包括在此排序中。

数据来源：麦可思－中国2011届大学毕业生三年后职业发展调查。

（四）主要行业的就业满意度

图2－2－4和图2－2－5分别是2011届本科生毕业三年后就业满意

度最高和最低的前五位行业类。可以看出，2011 届本科生毕业三年后就业满意度最高的行业类是"金融（银行/保险/证券）业"（60%），就业满意度最低的行业类是"机械五金制造业"、"初级金属制造业"（均为41%）。

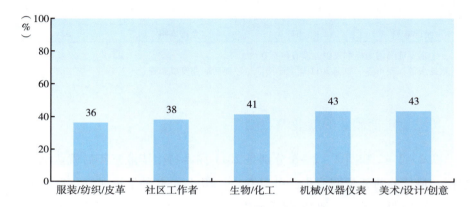

图 2 - 2 - 3 2011 届本科生毕业三年后就业满意度最低的前五位职业类 *

＊毕业生规模过小的职业类不包括在此排序中。

数据来源：麦可思－中国 2011 届大学毕业生三年后职业发展调查。

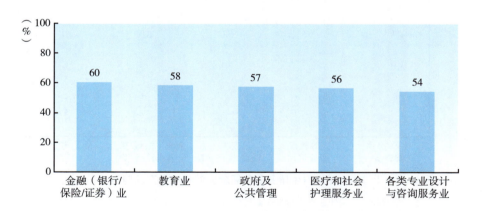

图 2 - 2 - 4 2011 届本科生毕业三年后就业满意度最高的前五位行业类 *

＊毕业生规模过小的行业类不包括在此排序中。

数据来源：麦可思－中国 2011 届大学毕业生三年后职业发展调查。

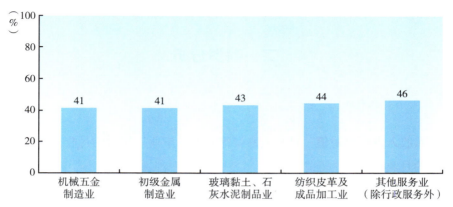

**图 2 - 2 - 5　2011 届本科生毕业三年后就业满意度最低的前五位行业类*

＊毕业生规模过小的行业类不包括在此排序中。

数据来源：麦可思－中国 2011 届大学毕业生三年后职业发展调查。

（五）各用人单位类型的就业满意度

图 2 - 2 - 6 是 2011 届本科生毕业三年后在各用人单位类型的就业满意度。可以看出，2011 届本科生毕业三年后就业满意度最高的用人单位类型是"政府机构/科研或其他事业单位"（59%），就业满意度最低的用人单位类型是"民营企业/个体"（47%）。

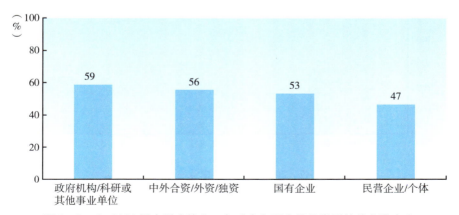

图 2 - 2 - 6　2011 届本科生毕业三年后在各用人单位类型的就业满意度

＊非政府或非营利组织（NGO 等）用人单位因为样本较少，没有包括在内。

数据来源：麦可思－中国 2011 届大学毕业生三年后职业发展调查。

就业蓝皮书·本科

二　薪资分析

（一）总体月收入

月收入涨幅绝对值：月收入涨幅绝对值＝毕业三年后的月收入－毕业半年后的月收入。

月收入涨幅比例：月收入涨幅比例＝月收入涨幅绝对值/毕业半年后的月收入。

图 2－2－7 是 2011 届大学生毕业三年后的月收入。可以看出，2011 届大学生毕业三年后平均月收入为 5484 元（本科为 6155 元，高职高专为4812 元）。2011 届毕业生半年后的月收入为 2766 元（本科为 3051 元，高职高专为 2482 元），三年来月收入增长 2718 元，涨幅为 98%。其中，本科增长 3104 元，涨幅为 102%；高职高专增长 2330 元，涨幅为 94%。

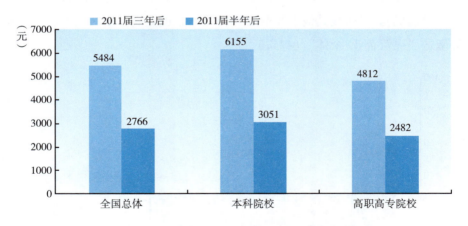

图 2－2－7　2011 届大学生毕业三年后的月收入

数据来源：麦可思－中国 2011 届大学毕业生三年后职业发展调查，2011 届大学毕业生半年后社会需求与培养质量调查。

154

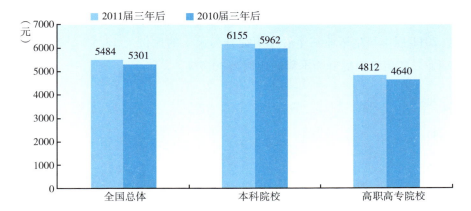

图 2 – 2 – 8　2011 届大学生毕业三年后的月收入（与 2010 届三年后对比）

数据来源：麦可思 – 中国 2010 届、2011 届大学毕业生三年后职业发展调查。

图 2 – 2 – 9 是 2011 届本科生毕业三年后的月收入分布。可以看出，2011 届本科生毕业三年后有 14.2% 的人月收入达到了 10000 元及以上，有 6.1% 的人月收入在 3000 元以下。

图 2 – 2 – 9　2011 届本科生毕业三年后的月收入分布（与 2010 届三年后对比）*

* 图中显示数字均保留一位小数，因为四舍五入进位，加起来可能不等于 100%。

数据来源：麦可思 – 中国 2010 届、2011 届大学毕业生三年后职业发展调查。

图2-2-10是2011届大学生毕业三年后学历提升人群的比例。可以看出，2011届本科生毕业三年后学历提升为硕士的比例为13.5%，高职高专生毕业三年后学历提升为本科的比例为30.7%。

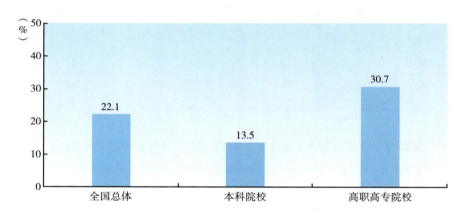

图2-2-10　2011届大学生毕业三年后学历提升人群的比例

数据来源：麦可思－中国2011届大学毕业生三年后职业发展调查，2011届大学毕业生半年后社会需求与培养质量调查。

图2-2-11是2011届大学生毕业三年后学历提升人群和学历未提升人群的月收入对比。可以看出，2011届大学毕业生在毕业三年后学历提升人群的月收入为5394元，略低于学历一直未提升人群的月收入（5518元）。其中，本科毕业三年后学历为硕士人群的月收入为6088元，学历仍然为本科人群的月收入为6180元。高职高专毕业三年后学历为本科人群的月收入为4699元，学历仍然为高职高专人群的月收入为4855元。提升学历人群可能因毕业时间短还不能展示学历提升带来的更大的教育回报。

（二）主要专业的月收入与涨幅

表2-2-3是2011届本科主要学科门类毕业生毕业三年后的月收入与涨幅绝对值。可以看出，2011届本科学科门类中三年后月收入最高的是工学，为6741元，高于该学科门类半年后月收入（3297元）3444元；三年后月收入最低的是教育学（5290元），高于该学科门类半年后月收入（2621元）2669元。

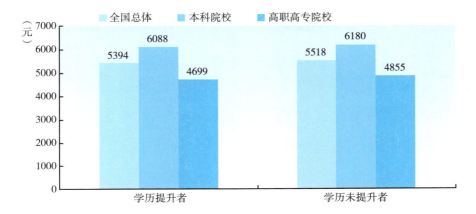

图 2 - 2 - 11　2011 届大学生毕业三年后学历提升人群
和学历未提升人群的月收入对比

数据来源：麦可思 - 中国 2011 届大学毕业生三年后职业发展调查，2011 届大学毕业生
半年后社会需求与培养质量调查。

表 2 - 2 - 3　2011 届本科主要学科门类毕业生毕业三年后的月收入与涨幅绝对值*

单位：元

本科学科门类名称	毕业三年后的平均月收入	毕业半年后的平均月收入	月收入涨幅绝对值
工　　学	6741	3297	3444
经 济 学	6583	3129	3454
医　　学	6289	2920	3369
管 理 学	6095	2982	3113
理　　学	6087	3086	3001
农　　学	5937	2896	3041
文　　学	5865	2978	2887
法　　学	5537	2934	2603
教 育 学	5290	2621	2669
全国本科	6155	3051	3104

*个别学科门类因为样本较少，没有包括在内。

数据来源：麦可思 - 中国 2011 届大学毕业生三年后职业发展调查，2011 届大学毕业生半年后
社会需求与培养质量调查。

表 2 – 2 – 4　2011 届本科主要专业类毕业生毕业三年后的月收入与涨幅绝对值*

单位：元

本科专业类名称	毕业三年后的平均月收入	毕业半年后的平均月收入	月收入涨幅绝对值
电气信息类	7158	3620	3538
电子信息科学类	7100	3622	3478
地矿类	6963	3750	3213
土建类	6938	3410	3528
仪器仪表类	6912	3341	3571
管理科学与工程类	6827	3375	3452
能源动力类	6775	3406	3369
经济学类	6762	3289	3473
药学类	6710	3181	3529
数学类	6687	3276	3411
机械类	6375	3150	3225
统计学类	6295	3274	3021
新闻传播学类	6230	3122	3108
外国语言文学类	6174	3184	2990
生物工程类	6173	2838	3335
交通运输类	6125	3288	2837
化工与制药类	6075	3082	2993
工商管理类	6071	3089	2982
艺术类	5990	2991	2999
公共管理类	5936	3048	2888
法学类	5933	2974	2959
社会学类	5867	3140	2727
环境与安全类	5845	2983	2862
材料类	5839	3150	2689
物理学类	5829	3037	2792
植物生产类	5687	2820	2867
轻工纺织食品类	5667	2972	2695
生物科学类	5654	3045	2609
中国语言文学类	5607	2929	2678
体育学类	5560	2808	2752
心理学类	5372	2802	2570
教育学类	5290	2671	2619
化学类	5226	2928	2298
政治学类	5104	3032	2072
全国本科	**6155**	**3051**	**3104**

　*个别专业类因为样本较少，没有包括在内。

　数据来源：麦可思－中国 2011 届大学毕业生三年后职业发展调查，2011 届大学毕业生半年后社会需求与培养质量调查。

（三）主要职业的月收入与涨幅

表 2 – 2 – 5 是 2011 届本科生毕业三年后从事的主要职业类的月收入及涨幅绝对值。可以看出，2011 届本科生毕业三年后从事"互联网开发及应用"职业类的三年后月收入最高，为 8289 元，高于半年后从事该职业类的本科毕业生月收入（3954 元）4335 元，涨幅为 110%。三年后月收入最低的是从事"中小学教育"类的本科毕业生，为 4497 元，高于半年后从事该职业类的本科毕业生月收入（2605 元）1892 元。

表 2 – 2 – 5　2011 届本科生毕业三年后从事的主要职业类的月收入及涨幅绝对值*

单位：元

本科职业类名称	毕业三年后的平均月收入	毕业半年后的平均月收入	月收入涨幅绝对值
互联网开发及应用	8289	3954	4335
计算机与数据处理	7981	3762	4219
金融（银行/基金/证券/期货/理财）	7491	3512	3979
销售	7399	3290	4109
房地产经营	7281	3350	3931
经营管理	6771	3336	3435
电气/电子（不包括计算机）	6641	3392	3249
电力/能源	6630	3499	3131
矿山/石油	6620	3745	2875
美术/设计/创意	6602	2897	3705
建筑工程	6574	3179	3395
机动车机械/电子	6519	3089	3430
生产/运营	6475	3042	3433
交通运输/邮电	6173	3145	3028
医疗保健/紧急救助	6138	2683	3455
研究人员	6045	3159	2886
翻译	5948	3261	2687
工业安全与质量	5938	3155	2783

续表

本科职业类名称	毕业三年后的平均月收入	毕业半年后的平均月收入	月收入涨幅绝对值
酒店/旅游/会展	5864	2789	3075
律师/律政调查员	5849	2706	3143
物流/采购	5842	2976	2866
媒体/出版	5834	2988	2846
机械/仪器仪表	5761	2922	2839
餐饮/娱乐	5747	2602	3145
保险	5722	2944	2778
人力资源	5645	2907	2738
财务/审计/税务/统计	5626	2905	2721
环境保护	5351	2676	2675
高等教育/职业培训	5241	2752	2489
生物/化工	4966	2798	2168
农/林/牧/渔类	4926	2827	2099
公安/检察/法院/经济执法	4888	3077	1811
行政/后勤	4579	2607	1972
中小学教育	4497	2605	1892
全国本科	**6155**	**3051**	**3104**

＊个别职业类因为样本较少，没有包括在内。

数据来源：麦可思－中国2011届大学毕业生三年后职业发展调查，2011届大学毕业生半年后社会需求与培养质量调查。

（四）主要行业的月收入与涨幅

表2－2－6是2011届本科生毕业三年后在各主要行业类的月收入及涨幅绝对值。可以看出，2011届本科生毕业三年后在"媒体、信息及通信产业"就业的毕业生月收入最高，为7561元，高于半年后在该行业类就业的毕业生月收入（3508元）4053元；三年后月收入最低的是就业于"政府及公共管理"领域的本科毕业生，为4543元，其月收入涨幅也最小，高于半年后在该行业类就业的毕业生月收入（2669元）1874元。

表2－2－6　2011届本科生毕业三年后在各主要行业类的月收入及涨幅绝对值*

单位：元

本科行业类名称	毕业三年后的平均月收入	毕业半年后的平均月收入	月收入涨幅绝对值
媒体、信息及通信产业	7561	3508	4053
金融(银行/保险/证券)业	7474	3506	3968
各类专业设计与咨询服务业	7307	3224	4083
房地产开发销售租赁及其他租赁业	7096	3291	3805
电子电气仪器设备及电脑制造业	6901	3368	3533
艺术、娱乐和休闲业	6890	3003	3887
运输业	6850	3379	3471
家具、医疗设备及其他制成品业	6605	3041	3564
交通工具制造业	6562	3146	3416
矿业	6535	3468	3067
建筑业	6422	3067	3355
水电煤气公用事业	6359	3423	2936
医疗和社会护理服务业	6355	2723	3632
邮递、物流及仓储业	6300	2865	3435
批发商业	6267	2922	3345
零售商业	6205	2906	3299
其他服务业(除行政服务)	6184	2710	3474
化学品、化工、塑胶业	5938	2985	2953
食品、烟草、加工业	5884	2969	2915
纺织皮革及成品加工业	5785	2817	2968
机械五金制造业	5629	2858	2771
住宿和饮食业	5612	2590	3022
农业、林业、渔业和畜牧业	5475	2817	2658
玻璃黏土、石灰水泥制品业	5289	2691	2598
初级金属制造业	5130	2802	2328
教育业	5072	2663	2409
行政、商业和环境保护辅助业	4868	2658	2210
政府及公共管理	4543	2669	1874
全国本科	**6155**	**3051**	**3104**

　*个别行业类因为样本较少，没有包括在内。

　数据来源：麦可思－中国2011届大学毕业生三年后职业发展调查，2011届大学毕业生半年后社会需求与培养质量调查。

（五）各用人单位的月收入与涨幅

图 2－2－12 是 2011 届本科生毕业三年后在各类型用人单位就业的月收入及涨幅。可以看出，2011 届本科生毕业后在"中外合资/外资/独资"单位就业的三年后月收入（7364 元）最高；而在"民营企业/个体"就业的三年后月收入涨幅最大，为 123% 。

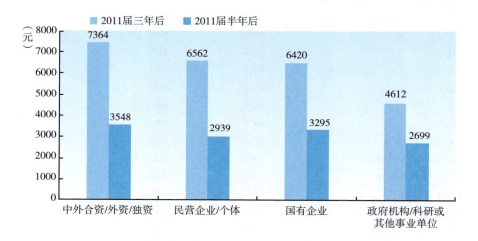

图 2－2－12　2011 届本科生毕业三年后在各类型用人单位的月收入 *

*非政府或非营利组织（NGO 等）用人单位因为样本较少，没有包括在内。

数据来源：麦可思－中国 2011 届大学毕业生三年后职业发展调查，2011 届大学毕业生半年后社会需求与培养质量调查。

图 2－2－13 是 2011 届本科生毕业三年后在各规模用人单位的月收入及涨幅。可以看出，2011 届本科生毕业三年后在 3000 人以上规模的大型用人单位就业的三年后月收入最高（6992 元）。

（六）经济区域的月收入与涨幅

图 2－2－14 是 2011 届本科生毕业三年后在各类经济区域就业的月收入及涨幅。可以看出，2011 届本科生毕业三年后在泛珠江三角洲区域经济体就业的月收入最高（6922 元），比毕业半年后增长 3597 元，涨幅为 108% ；

图 2 - 2 - 13　2011 届本科生毕业三年后在各规模用人单位的月收入

数据来源：麦可思 - 中国 2011 届大学毕业生三年后职业发展调查，2011 届大学毕业生半年后社会需求与培养质量调查。

在中原区域经济体就业的本科生毕业三年后月收入最低（5062 元），比毕业半年后增长 2472 元，涨幅最小，为 95%。

图 2 - 2 - 14　2011 届本科生毕业三年后在各类经济区域就业的月收入及涨幅*

*西部生态经济区因为样本较少，没有包括在内。

数据来源：麦可思 - 中国 2011 届大学毕业生三年后职业发展调查，2011 届大学毕业生半年后社会需求与培养质量调查。

三 职位晋升

（一）职位晋升比例

职位晋升：由已经工作的毕业生回答是否获得职位晋升以及获得晋升的次数。职位晋升是指享有比前一个职位更多的职权并承担更多的责任，由毕业生主观判断。这既包括不换雇主的内部提升，也包括通过更换雇主实现的晋升。

图2-2-15是2011届大学生毕业三年内平均获得职位晋升的比例。可以看出，2011届大学生毕业三年内有57%的人获得职位晋升。其中本科这一比例为54%，低于高职高专毕业生的晋升比例（60%）。

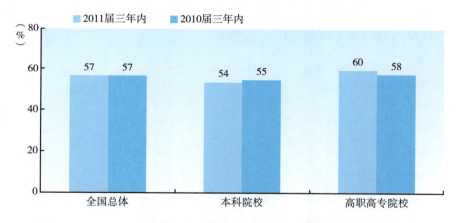

图2-2-15 2011届大学生毕业三年内平均获得职位晋升的
比例（与2010届三年内对比）

数据来源：麦可思-中国2010届、2011届大学毕业生三年后职业发展调查。

表2-2-7是2011届本科主要学科门类毕业生三年内平均获得职位晋升的比例。可以看出，2011届本科农学门类毕业生三年内获得职位晋升的比例最高（58%），医学门类获得职位晋升的比例最低（46%）。

表 2－2－7　2011 届本科主要学科门类毕业生三年内平均获得职位晋升的比例 *

单位：%

本科学科门类名称	获得职位晋升的比例	本科学科门类名称	获得职位晋升的比例
农　　学	58	教　育　学	53
管　理　学	57	工　　学	52
文　　学	54	法　　学	51
经　济　学	54	医　　学	46
理　　学	53		
全国本科	**54**	**全国本科**	**54**

*个别学科门类因为样本较少，没有包括在内。

数据来源：麦可思－中国 2011 届大学毕业生三年后职业发展调查。

表 2－2－8 是 2011 届本科主要职业类毕业生毕业三年内平均获得职位晋升的比例。可以看出，2011 届本科从事"房地产经营"职业类的毕业生三年内获得职位晋升的比例最高（76%），从事"公安/检察/法院/经济执法"职业类的毕业生职位晋升的比例最低（32%）。

表 2－2－8　2011 届本科主要职业类毕业生毕业三年内平均获得职位晋升的比例 *

单位：%

本科职业类名称	获得职位晋升的比例	本科职业类名称	获得职位晋升的比例
房地产经营	76	计算机与数据处理	54
经营管理	75	建筑工程	54
餐饮/娱乐	75	财务/审计/税务/统计	53
销售	68	工业安全与质量	53
人力资源	68	电力/能源	52
酒店/旅游/会展	65	律师/律政调查员	52
美术/设计/创意	64	农/林/牧/渔类	51
生产/运营	63	电气/电子(不包括计算机)	50
服装/纺织/皮革	63	矿山/石油	50
物流/采购	61	保险	49
互联网开发及应用	60	翻译	49
表演艺术/影视	60	社区工作者	46
公共关系	59	行政/后勤	44
金融(银行/基金/证券/期货/理财)	58	医疗保健/紧急救助	43
研究人员	57	中小学教育	42

续表

本科职业类名称	获得职位晋升的比例	本科职业类名称	获得职位晋升的比例
媒体/出版	56	机械/仪器仪表	42
高等教育/职业培训	55	环境保护	42
生物/化工	55	机动车机械/电子	40
交通运输/邮电	55	公安/检察/法院/经济执法	32
全国本科	**54**	**全国本科**	**54**

﹡个别职业类因为样本较少，没有包括在内。
数据来源：麦可思－中国2011届大学毕业生三年后职业发展调查。

表2－2－9是2011届本科主要行业类毕业生毕业三年内平均获得职位晋升的比例。可以看出，2011届本科在"住宿和饮食业"就业的毕业生毕业三年内获得职位晋升的比例最高（73%），在"政府及公共管理"就业的毕业生职位晋升的比例最低（32%）。

表2－2－9　2011届本科主要行业类毕业生毕业三年内平均获得职位晋升的比例﹡

单位：%

本科行业类名称	获得职位晋升的比例	本科行业类名称	获得职位晋升的比例
住宿和饮食业	73	媒体、信息及通信产业	57
房地产开发销售租赁及其他租赁业	71	建筑业	57
零售商业	69	电子电气仪器设备及电脑制造业	57
艺术、娱乐和休闲业	69	金融（银行/保险/证券）业	56
食品、烟草、加工业	68	农业、林业、渔业和畜牧业	56
纺织皮革及成品加工业	68	初级金属制造业	53
邮递、物流及仓储业	68	矿业	51
运输业	64	教育业	48
各类专业设计与咨询服务业	63	水电煤气公用事业	48
家具、医疗设备及其他制成品业	58	机械五金制造业	45
玻璃黏土、石灰水泥制品业	62	交通工具制造业	45
其他服务业（除行政服务）	61	医疗和社会护理服务业	44
批发商业	61	行政、商业和环境保护辅助业	39
化学品、化工、塑胶业	58	政府及公共管理	32
全国本科	**54**	**全国本科**	**54**

﹡个别行业类因为样本较少，没有包括在内。
数据来源：麦可思－中国2011届大学毕业生三年后职业发展调查。

（二）职位晋升次数

职位晋升次数： 由毕业生自己回答获得职位晋升的次数，计算公式的分子是所有大学毕业生获得职位晋升次数之和，没有获得职位晋升的人记为0次，分母是三年内就业和就业过的大学毕业生数。

图2–2–16是2011届大学生毕业三年内平均获得职位晋升的次数。可以看出，2011届大学生毕业三年内平均获得职位晋升0.9次，其中本科为0.8次，略低于高职高专毕业生（1.0次）。

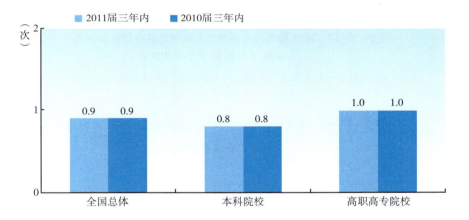

图2–2–16　**2011届大学生毕业三年内平均获得职位晋升的次数（与2010届三年内对比）**

数据来源：麦可思－中国2010届、2011届大学毕业生三年后职业发展调查。

图2–2–17是2011届本科生毕业三年内平均获得职位晋升的频度。可以看出，2011届本科生毕业三年内，有32%获得过1次晋升，有7%获得过3次及以上的晋升。

表2–2–10是2011届本科主要学科门类毕业生毕业三年内平均获得职位晋升的次数。可以看出，2011届本科农学门类的毕业生三年内获得职位晋升的次数最多（1.0次），医学门类的本科生毕业三年内获得职位晋升的次数最少（0.6次）。

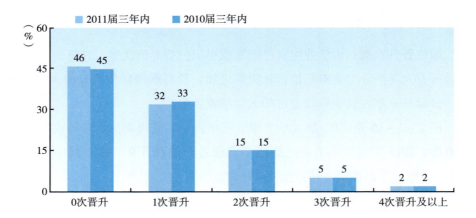

图 2 – 2 – 17　2011 届本科生毕业三年内平均获得职位晋升的
频度（与 2010 届三年内对比）

数据来源：麦可思 – 中国 2010 届、2011 届大学毕业生三年后职业发展调查。

表 2 – 2 – 10　2011 届本科主要学科门类毕业生毕业三年内

平均获得职位晋升的次数 *

单位：次

本科学科门类名称	获得职位晋升的次数	本科学科门类名称	获得职位晋升的次数
农　　学	1.0	经 济 学	0.8
管 理 学	0.9	教 育 学	0.8
工　　学	0.8	法　　学	0.7
文　　学	0.8	医　　学	0.6
理　　学	0.8		
全国本科	**0.8**	**全国本科**	**0.8**

* 个别学科门类因为样本较少，没有包括在内。
数据来源：麦可思 – 中国 2011 届大学毕业生三年后职业发展调查。

　　表 2 – 2 – 11 是 2011 届本科主要职业类毕业生毕业三年内平均获得职位晋升的次数。可以看出，2011 届从事"房地产经营"职业类的本科毕业生毕业三年内获得职位晋升的次数最多（1.5 次），从事"公安/检察/法院/经济执法"职业类的毕业生职位晋升次数最少（0.4 次）。

表 2 – 2 – 11　2011 届本科主要职业类毕业生毕业三年内

平均获得职位晋升的次数 *

单位：次

本科职业类名称	获得职位晋升的次数	本科职业类名称	获得职位晋升的次数
房地产经营	1.5	建筑工程	0.8
经营管理	1.4	生物/化工	0.8
餐饮/娱乐	1.4	保险	0.8
酒店/旅游/会展	1.2	电力/能源	0.8
销售	1.1	工业安全与质量	0.8
人力资源	1.1	交通运输/邮电	0.8
互联网开发及应用	1.1	农/林/牧/渔类	0.8
美术/设计/创意	1.1	翻译	0.8
公共关系	1.1	电气/电子(不包括计算机)	0.7
表演艺术/影视	1.1	矿山/石油	0.7
服装/纺织/皮革	1.1	环境保护	0.7
生产/运营	1.0	律师/律政调查员	0.7
计算机与数据处理	0.9	行政/后勤	0.6
高等教育/职业培训	0.9	中小学教育	0.6
媒体/出版	0.9	机械/仪器仪表	0.6
物流/采购	0.9	机动车机械/电子	0.6
研究人员	0.9	社区工作者	0.6
财务/审计/税务/统计	0.8	医疗保健/紧急救助	0.5
金融(银行/基金/证券/期货/理财)	0.8	公安/检察/法院/经济执法	0.4
全国本科	**0.8**	**全国本科**	**0.8**

＊个别职业类因为样本较少，没有包括在内。

数据来源：麦可思 – 中国 2011 届大学毕业生三年后职业发展调查。

　　表 2 – 2 – 12 是 2011 届本科主要行业类毕业生三年内平均获得职位晋升的次数。可以看出，2011 届在"住宿和饮食业"就业的本科毕业生毕业三年内获得职位晋升的次数最多（1.4 次），在"政府及公共管理"领域就业的毕业生获得职位晋升的次数最少（0.4 次）。

表 2 – 2 – 12　2011 届本科主要行业类毕业生毕业三年内平均获得职位晋升的次数 *

单位：次

本科行业类名称	获得职位晋升的次数	本科行业类名称	获得职位晋升的次数
住宿和饮食业	1.4	其他服务业（除行政服务）	0.9
零售商业	1.2	运输业	0.9
房地产开发销售租赁及其他租赁业	1.2	农业、林业、渔业和畜牧业	0.9
艺术、娱乐和休闲业	1.2	玻璃黏土、石灰水泥制品业	0.9
各类专业设计与咨询服务业	1.1	金融（银行/保险/证券）业	0.8
食品、烟草、加工业	1.1	教育业	0.7
纺织皮革及成品加工业	1.1	机械五金制造业	0.7
邮递、物流及仓储业	1.1	交通工具制造业	0.7
媒体、信息及通信产业	1.0	水电煤气公用事业	0.7
批发商业	1.0	矿业	0.7
建筑业	0.9	初级金属制造业	0.7
电子电气仪器设备及电脑制造业	0.9	行政、商业和环境保护辅助业	0.6
化学品、化工、塑胶业	0.9	医疗和社会护理服务业	0.6
家具、医疗设备及其他制成品业	0.9	政府及公共管理	0.4
全国本科	**0.8**	**全国本科**	**0.8**

* 个别行业类因为样本较少，没有包括在内。

数据来源：麦可思 – 中国 2011 届大学毕业生三年后职业发展调查。

（三）职位晋升的类型

图 2 – 2 – 18 是 2010 届、2011 届本科毕业生职位晋升的类型。可以看出，2011 届本科毕业生职位晋升的类型主要是薪资的增加（76%）、工作职责的增加（73%）。

（四）对职位晋升有帮助的大学活动

图 2 – 2 – 19 是 2011 届本科毕业生认为对职位晋升有帮助的大学活动。可以看出，2011 届本科毕业生认为对职位晋升有帮助的大学活动主要是课

外自学的知识和技能（含培训） （45%）、课堂上所学的知识和技能
（36%）。

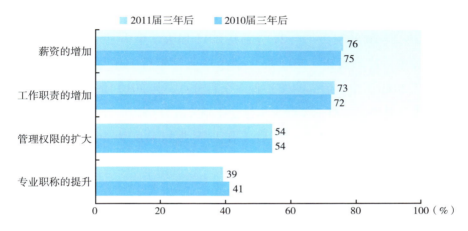

图 2 - 2 - 18 2011 届本科生毕业三年后职位晋升的
类型（多选）（与 2010 届三年后对比）

数据来源：麦可思 - 中国 2010 届、2011 届大学毕业生三年后职业发展调查。

图 2 - 2 - 19 2011 届本科生毕业三年后认为对职位晋升有帮助的大学
活动（多选）（与 2010 届三年后对比）

数据来源：麦可思 - 中国 2010 届、2011 届大学毕业生三年后职业发展调查。

四 工作与专业相关度

图2-2-20和图2-2-21分别是2011届大学生毕业三年后的工作与专业相关度。可以看出，2011届大学生毕业三年后工作与专业相关度为61%，比2011届半年后（64%）低3个百分点，与2010届三年后（62%）基本持平。其中，本科三年后工作与专业相关度为65%，比半年后（67%）低2个百分点；高职高专三年后工作与专业相关度为56%，比半年后（60%）低4个百分点。

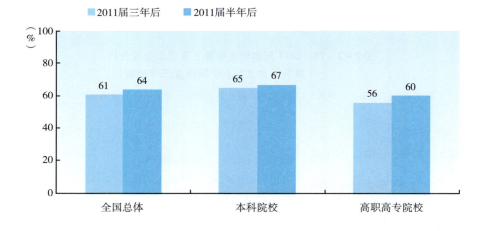

图2-2-20 2011届大学生毕业三年后的工作与专业相关度

数据来源：麦可思-中国2011届大学毕业生三年后职业发展调查，2011届大学毕业生半年后社会需求与培养质量调查。

表2-2-13是2011届本科主要学科门类毕业生毕业三年内的工作与专业相关度变化。可以看出，在本科学科门类中，三年后工作与专业相关度最高的是医学（85%），其次是工学（69%），农学门类三年后工作与专业相关度最低（49%）。法学门类三年后工作与专业相关度（59%）比半年后（48%）提高了11个百分点。

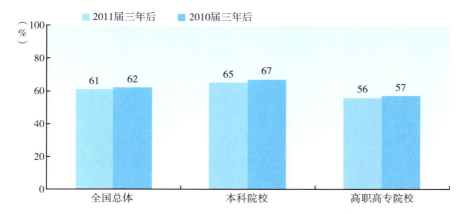

图 2－2－21 2011 届大学生毕业三年后的工作与专业相关度
（与 2010 届三年后对比）

数据来源：麦可思－中国 2010 届、2011 届大学毕业生三年后职业发展调查。

表 2－2－13 2011 届本科主要学科门类毕业生毕业三年内的工作与

**专业相关度变化（与 2010 届三年后对比）*

单位：%

本科学科门类名称	2011 届毕业三年后的专业相关度	2011 届毕业半年后的专业相关度	2010 届毕业三年后的专业相关度
医　　学	85	89	87
工　　学	69	73	72
管 理 学	64	68	66
经 济 学	63	66	69
文　　学	61	66	62
法　　学	59	48	56
教 育 学	59	57	61
理　　学	57	57	55
农　　学	49	54	51
全国本科	**65**	**67**	**67**

＊个别学科门类因为样本较少，没有包括在内。

数据来源：麦可思－中国 2010 届、2011 届大学毕业生三年后职业发展调查，2011 届大学毕业生半年后社会需求与培养质量调查。

五 雇主数

（一）平均雇主数

雇主数：指毕业生从第一份工作到三年后的调查时点，一共为多少个雇主工作过。雇主数越多，则工作转换得越频繁；雇主数可以代表毕业生工作稳定的程度。

图2-2-22是2011届大学生毕业三年内的平均雇主数。可以看出，2011届大学毕业生毕业三年内平均为2.3个雇主工作过，其中本科毕业生的平均雇主数为2.0个，低于高职高专毕业生的平均雇主数（2.5个）。

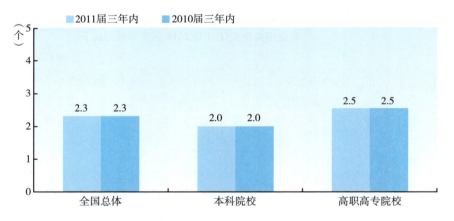

图2-2-22 2011届大学生毕业三年内的平均雇主数（与2010届三年内对比）

数据来源：麦可思-中国2010届、2011届大学毕业生三年后职业发展调查。

表2-2-14是2011届本科主要专业类毕业生毕业三年内的平均雇主数。可以看出，2011届本科的艺术类毕业生三年内平均雇主数最多（2.4个），本科地矿类、临床医学与医学技术类、水利类和护理学类毕业生平均雇主数（均为1.6个）最少。

表 2 – 2 – 14　2011 届本科主要专业类毕业生毕业三年内的平均雇主数 *

单位：个

本科专业类名称	毕业三年内平均雇主数	本科专业类名称	毕业三年内平均雇主数
艺术类	2.4	物理学类	2.0
新闻传播学类	2.3	仪器仪表类	2.0
心理学类	2.3	植物生产类	2.0
外国语言文学类	2.2	电气信息类	1.9
轻工纺织食品类	2.2	经济学类	1.9
生物工程类	2.2	机械类	1.9
环境生态类	2.2	法学类	1.9
材料科学类	2.2	电子信息科学类	1.9
公共管理类	2.1	材料类	1.9
中国语言文学类	2.1	化工与制药类	1.9
环境与安全类	2.1	教育学类	1.9
生物科学类	2.1	交通运输类	1.9
环境科学类	2.1	体育学类	1.9
工商管理类	2.0	统计学类	1.9
管理科学与工程类	2.0	土建类	1.8
数学类	2.0	能源动力类	1.8
化学类	2.0	历史学类	1.8
药学类	2.0	地矿类	1.6
地理科学类	2.0	临床医学与医学技术类	1.6
政治学类	2.0	水利类	1.6
社会学类	2.0	护理学类	1.6
全国本科	**2.0**	**全国本科**	**2.0**

　* 个别专业类因为样本较少，没有包括在内。

　数据来源：麦可思 – 中国 2011 届大学毕业生三年后职业发展调查。

（二）雇主数与月收入

　　图 2 – 2 – 23 是 2011 届本科生毕业三年内工作过的雇主数。可以看出，有 38% 的本科生毕业三年内仅为 1 个雇主工作过，33% 有 2 个雇主，8% 有 4 个及以上雇主。

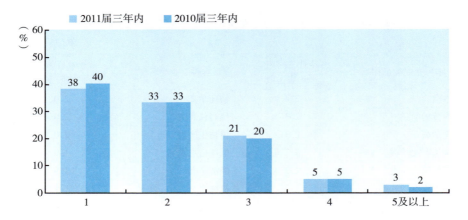

图 2 – 2 – 23   2011 届本科生毕业三年内工作过的雇主数
（与 2010 届三年内对比）

数据来源：麦可思－中国 2010 届、2011 届大学毕业生三年后职业发展调查。

图 2 – 2 – 24 是 2011 届本科生毕业三年内工作过不同雇主数的人群月收入对比。可以看出，在 2011 届本科毕业生中，毕业三年内一直为 1 个雇主工作的毕业生月收入最高（6494 元）。为之工作过的雇主数越多，其月收入反而越低；为 5 个及以上雇主工作过的本科生毕业三年后月收入最低，仅为5535 元。

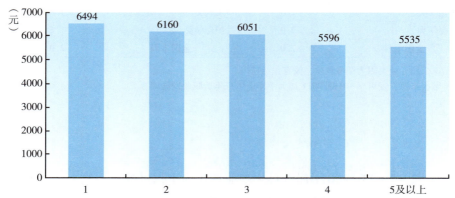

图 2 – 2 – 24   2011 届本科生毕业三年内工作过不同雇主数的人群月收入对比

数据来源：麦可思－中国 2011 届大学毕业生三年后职业发展调查。

第三章
三年后基本工作能力

结论摘要

2011 届本科生毕业三年后认为重要的工作能力包括有效的口头沟通、积极学习、学习方法、协调安排、时间管理、解决复杂的问题、理解他人、积极聆听、谈判技能等。

一　基本工作能力

2011 届本科生毕业三年后认为重要的工作能力包括有效的口头沟通、积极学习、学习方法、协调安排、时间管理、解决复杂的问题、理解他人、积极聆听、谈判技能等。

表 2 – 3 – 1　2011 届本科主要专业类毕业生毕业三年后认为最重要的三项工作能力[*]

本科专业类名称	第一重要的能力	第二重要的能力	第三重要的能力
材料科学类	有效的口头沟通	积极学习	协调安排
材料类	有效的口头沟通	积极学习	学习方法
测绘类	积极学习	有效的口头沟通	学习方法
地矿类	积极学习	有效的口头沟通	协调安排
地理科学类	有效的口头沟通	积极学习	学习方法
电气信息类	有效的口头沟通	积极学习	学习方法
电子信息科学类	有效的口头沟通	积极学习	学习方法
法学类	有效的口头沟通	积极学习	协调安排

续表

本科专业类名称	第一重要的能力	第二重要的能力	第三重要的能力
工商管理类	有效的口头沟通	积极学习	时间管理
公共管理类	有效的口头沟通	积极学习	协调安排
管理科学与工程类	有效的口头沟通	积极学习	协调安排
护理学类	有效的口头沟通	积极学习	协调安排
化工与制药类	积极学习	有效的口头沟通	学习方法
化学类	有效的口头沟通	积极学习	学习方法
环境科学类	有效的口头沟通	积极学习	协调安排
环境生态类	有效的口头沟通	积极学习	协调安排
环境与安全类	有效的口头沟通	积极学习	协调安排
机械类	有效的口头沟通	积极学习	学习方法
交通运输类	有效的口头沟通	积极学习	协调安排
教育学类	有效的口头沟通	积极学习	协调安排
经济学类	有效的口头沟通	积极学习	时间管理
历史学类	有效的口头沟通	积极学习	理解他人
临床医学与医学技术类	积极学习	有效的口头沟通	理解他人
能源动力类	有效的口头沟通	积极学习	学习方法
轻工纺织食品类	有效的口头沟通	积极学习	协调安排
社会学类	有效的口头沟通	积极学习	协调安排
生物工程类	有效的口头沟通	积极学习	协调安排
生物科学类	有效的口头沟通	积极学习	学习方法
数学类	有效的口头沟通	积极学习	学习方法
水利类	有效的口头沟通	协调安排	积极学习
体育学类	有效的口头沟通	积极学习	理解他人
统计学类	有效的口头沟通	积极学习	时间管理
土建类	有效的口头沟通	积极学习	协调安排
外国语言文学类	有效的口头沟通	积极学习	协调安排
物理学类	有效的口头沟通	积极学习	学习方法
心理学类	有效的口头沟通	积极学习	协调安排
新闻传播学类	有效的口头沟通	积极学习	时间管理
药学类	有效的口头沟通	积极学习	协调安排
仪器仪表类	有效的口头沟通	积极学习	学习方法
艺术类	有效的口头沟通	积极学习	协调安排
政治学类	有效的口头沟通	积极学习	协调安排
植物生产类	有效的口头沟通	积极学习	协调安排
中国语言文学类	有效的口头沟通	积极学习	协调安排

*个别专业类因为样本较少，没有包括在内。

数据来源：麦可思 – 中国 2011 届大学毕业生三年后职业发展调查。

表 2 – 3 – 2　2011 届本科生毕业三年后从事的主要职业类最重要的三项工作能力 *

本科职业类名称	第一重要的能力	第二重要的能力	第三重要的能力
保险	有效的口头沟通	积极学习	时间管理
财务/审计/税务/统计	有效的口头沟通	积极学习	协调安排
电力/能源	积极学习	有效的口头沟通	系统分析
电气/电子(不包括计算机)	积极学习	有效的口头沟通	学习方法
翻译	有效的口头沟通	积极学习	协调安排
房地产经营	有效的口头沟通	协调安排	积极学习
高等教育/职业培训	有效的口头沟通	积极学习	时间管理
工业安全与质量	积极学习	有效的口头沟通	协调安排
公安/检察/法院/经济执法	有效的口头沟通	协调安排	积极学习
行政/后勤	有效的口头沟通	协调安排	积极学习
互联网开发及应用	积极学习	有效的口头沟通	学习方法
环境保护	有效的口头沟通	协调安排	积极学习
机动车机械/电子	有效的口头沟通	积极学习	学习方法
机械/仪器仪表	积极学习	有效的口头沟通	技术设计
计算机与数据处理	积极学习	有效的口头沟通	学习方法
建筑工程	有效的口头沟通	积极学习	协调安排
交通运输/邮电	有效的口头沟通	协调安排	积极学习
金融(银行/基金/证券/期货/理财)	有效的口头沟通	积极学习	时间管理
经营管理	有效的口头沟通	协调安排	积极学习
矿山/石油	积极学习	有效的口头沟通	协调安排
律师/律政调查员	有效的口头沟通	积极学习	解决复杂的问题
媒体/出版	有效的口头沟通	积极学习	时间管理
美术/设计/创意	有效的口头沟通	技术设计	积极学习
农/林/牧/渔类	积极学习	有效的口头沟通	判断和决策
人力资源	有效的口头沟通	积极学习	协调安排
生产/运营	有效的口头沟通	积极学习	协调安排
生物/化工	积极学习	有效的口头沟通	学习方法
物流/采购	有效的口头沟通	协调安排	积极学习
销售	有效的口头沟通	积极学习	谈判技能
研究人员	有效的口头沟通	积极学习	协调安排
医疗保健/紧急救助	有效的口头沟通	积极学习	协调安排
中小学教育	有效的口头沟通	积极学习	协调安排

＊个别职业类因为样本较少，没有包括在内。

数据来源：麦可思－中国 2011 届大学毕业生三年后职业发展调查。

表2-3-3　2011届本科生毕业三年后就业的主要行业类最重要的三项工作能力*

本科行业类名称	第一重要的能力	第二重要的能力	第三重要的能力
初级金属制造业	有效的口头沟通	积极学习	协调安排
电子电气仪器设备及电脑制造业	有效的口头沟通	积极学习	学习方法
房地产开发销售租赁及其他租赁业	有效的口头沟通	积极学习	协调安排
纺织皮革及成品加工业	有效的口头沟通	积极学习	协调安排
各类专业设计与咨询服务业	有效的口头沟通	积极学习	学习方法
行政、商业和环境保护辅助业	有效的口头沟通	协调安排	积极学习
化学品、化工、塑胶业	有效的口头沟通	积极学习	学习方法
机械五金制造业	有效的口头沟通	积极学习	学习方法
家具、医疗设备及其他制成品业	有效的口头沟通	积极学习	时间管理
建筑业	有效的口头沟通	积极学习	协调安排
交通工具制造业	有效的口头沟通	积极学习	学习方法
教育业	有效的口头沟通	积极学习	时间管理
金融(银行/保险/证券)业	有效的口头沟通	积极学习	时间管理
矿业	有效的口头沟通	积极学习	协调安排
零售商业	有效的口头沟通	积极学习	时间管理
媒体、信息及通信产业	有效的口头沟通	积极学习	学习方法
农业、林业、渔业和畜牧业	有效的口头沟通	积极学习	协调安排
批发商业	有效的口头沟通	积极学习	时间管理
其他服务业(除行政服务)	有效的口头沟通	积极学习	学习方法
食品、烟草、加工业	有效的口头沟通	积极学习	协调安排
水电煤气公用事业	积极学习	有效的口头沟通	学习方法
医疗和社会护理服务业	有效的口头沟通	积极学习	学习方法
艺术、娱乐和休闲业	有效的口头沟通	积极学习	协调安排
邮递、物流及仓储业	有效的口头沟通	积极学习	协调安排
运输业	有效的口头沟通	积极学习	协调安排
政府及公共管理	有效的口头沟通	协调安排	积极学习
住宿和饮食业	有效的口头沟通	积极学习	协调安排

　*个别行业类因为样本较少，没有包括在内。

　数据来源：麦可思-中国2011届大学毕业生三年后职业发展调查。

二 优秀人才基本工作能力

优秀人才：毕业三年内晋升次数在三次及以上的大学毕业生。

表 2 – 3 – 4   2011 届本科主要学科门类优秀人才毕业三年后

认为最重要的三项工作能力 *

本科学科门类名称	第一重要的能力	第二重要的能力	第三重要的能力
法　　学	有效的口头沟通	协调安排	谈判技能
工　　学	积极学习	有效的口头沟通	学习方法
管 理 学	有效的口头沟通	积极学习	时间管理
教 育 学	有效的口头沟通	积极学习	解决复杂的问题
经 济 学	有效的口头沟通	积极学习	时间管理
理　　学	有效的口头沟通	积极学习	时间管理
文　　学	有效的口头沟通	积极学习	协调安排

＊个别学科门类因为样本较少，没有包括在内。

数据来源：麦可思 – 中国 2011 届大学毕业生三年后职业发展调查。

第四章
三年后自主创业

结论摘要

一　自主创业人群分布

1. 2011届大学生毕业半年后有1.6%的人自主创业（本科为1.0%，高职高专为2.2%）[①]，三年后有5.5%的人自主创业（本科为3.3%，高职高专为7.7%），与2010届相比，有更多的毕业生在毕业三年内选择了自主创业。

2. 毕业半年后自主创业的2011届本科毕业生中有44.8%的人三年后还在继续自主创业，比2010届（41.1%）增长了3.7个百分点；有49.6%的人选择了受雇全职工作，比2010届（53.4%）减少了3.8个百分点。

3. 2011届本科生毕业三年后自主创业的人群在毕业半年后有75.6%处于受雇全职/半职工作状态，比2010届（77.4%）减少了1.8个百分点；有11.5%的人在毕业半年后自主创业，比2010届（9.5%）增长了2.0个百分点。

4. 2011届本科生毕业三年后自主创业人群的月收入为9040元，比2010届该指标（8424元）高7%，比2011届本科生毕业三年后平均月收入（6155元）高47%。

---

① 麦可思研究院编著《2012年中国大学生就业报告》，社会科学文献出版社，2012。

二 自主创业人群职业、行业分布

2011 届本科生毕业三年后自主创业的职业主要集中在"总经理和日常主管"（8.7%），其次是"销售经理"（5.0%）。2011 届本科生毕业三年后自主创业的行业主要集中在"中小学教育机构"（4.8%），其次是"其他个人服务业"（4.6%）。

三 自主创业人群最重要的基本工作能力

2011 届大学生毕业三年后自主创业人群认为创业最重要的基本工作能力是：有效的口头沟通、积极学习、时间管理、谈判技能、学习方法、理解他人和协调安排。

一 自主创业人群分布

2011 届大学生毕业半年后有 1.6% 的人自主创业（本科为 1.0%，高职高专为 2.2%）①，三年后有 5.5% 的人自主创业（本科为 3.3%，高职高专为 7.7%），说明与 2010 届相比，有更多的毕业生在毕业三年内选择了自主创业。

图 2 - 4 - 1 是 2011 届本科生毕业半年后自主创业人群在毕业三年后的就业去向。可以看出，毕业半年后自主创业的 2011 届本科毕业生中有 44.8% 的人三年后还在继续自主创业，比 2010 届（41.1%）增长了 3.7 个百分点；有 49.6% 的人选择了受雇全职工作，比 2010 届（53.4%）减少了 3.8 个百分点。

图 2 - 4 - 2 是 2011 届本科生毕业三年后自主创业人群在毕业半年后的就业状态。可以看出，2011 届本科生毕业三年后自主创业的人群在毕业半年后有 75.6% 处于受雇全职/半职工作状态，比 2010 届（77.4%）减少了 1.8 个百分点；有 11.5% 的人在毕业半年后自主创业，比 2010 届（9.5%）增长了 2.0 个百分点。

---

① 麦可思研究院编著《2012 年中国大学生就业报告》，社会科学文献出版社，2012。

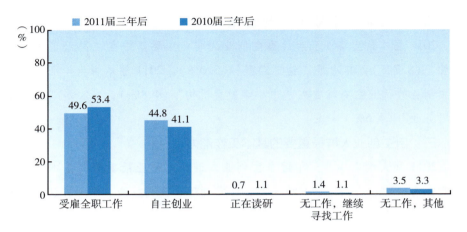

图 2 – 4 – 1　2011 届本科生毕业半年后自主创业人群在毕业三年后的就业去向分布
（与 2010 届三年后对比）

数据来源：麦可思 – 中国 2010 届、2011 届大学毕业生三年后职业发展调查，2010 届、2011 届大学毕业生半年后社会需求与培养质量调查。

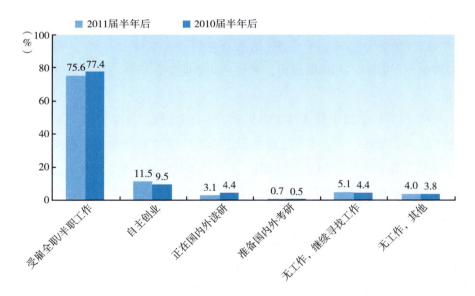

图 2 – 4 – 2　2011 届本科生毕业三年后自主创业人群在毕业半年后的就业状态
（与 2010 届半年后对比）

数据来源：麦可思 – 中国 2010 届、2011 届大学毕业生三年后职业发展调查，2010 届、2011 届大学毕业生半年后社会需求与培养质量调查。

图2－4－3是2011届本科生毕业三年后自主创业人群的月收入。可以看出，2011届本科生毕业三年后自主创业人群的月收入为9040元，比2010届该指标（8424元）高7%，比2011届本科生毕业三年后平均月收入（6155元）高47%。

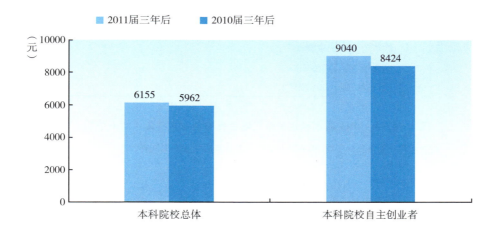

图2－4－3 2011届本科生毕业三年后自主创业人群的月收入
（与2010届三年后对比）

数据来源：麦可思－中国2010届、2011届大学毕业生三年后职业发展调查。

二 自主创业人群职业、行业分布

图2－4－4和图2－4－5分别是2011届本科生毕业三年后自主创业人群集中的十个职业和2011届本科生毕业三年后自主创业人群集中的五个行业。可以看出，2011届本科生毕业三年后自主创业的职业主要集中在"总经理和日常主管"（8.7%），其次是"销售经理"（5.0%）。2011届本科生毕业三年后自主创业的行业主要集中在"中小学教育机构"（4.8%），其次是"其他个人服务业"（4.6%）。

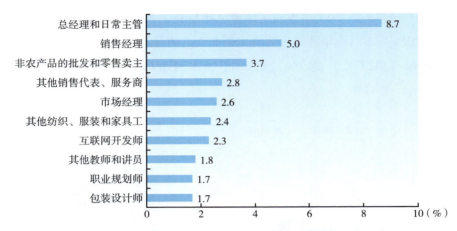

图2－4－4　2011届本科生毕业三年后自主创业人群集中的十个职业

数据来源：麦可思－中国2011届大学毕业生三年后职业发展调查。

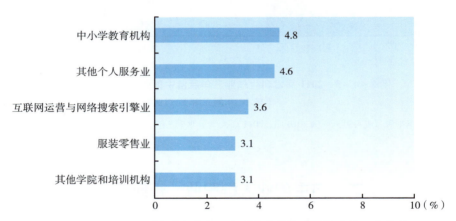

图2－4－5　2011届本科生毕业三年后自主创业人群集中的五个行业

数据来源：麦可思－中国2011届大学毕业生三年后职业发展调查。

三　自主创业人群最重要的基本工作能力

如表2－4－1所示，2011届大学生毕业三年后自主创业人群认为创业最重要的基本工作能力是：有效的口头沟通、积极学习、时间管理、谈判技能、学习方法、理解他人和协调安排。

表 2 – 4 – 1　2011 届大学生毕业三年后自主创业人群最重要的五项基本工作能力

单位：%

本科最重要的 基本工作能力	高职高专最重要的 基本工作能力	本科最重要的 基本工作能力	高职高专最重要的 基本工作能力
有效的口头沟通	有效的口头沟通	学习方法	理解他人
积极学习	积极学习	协调安排	时间管理
时间管理	谈判技能		

数据来源：麦可思 – 中国 2011 届大学毕业生三年后职业发展调查。

第五章
培训

结论摘要

一　接受培训的类型

2011 届本科生毕业三年内有 57% 接受过雇主提供的培训，10% 接受过自费培训，17% 既接受过自费培训又接受过雇主提供的培训，还有 16% 的人两类培训都没有接受过。

二　接受培训的原因

2011 届本科生毕业三年内接受自费培训前三位的原因是为了提升个人综合素质（75%）、在现有工作单位做好工作或晋升（48%）、为转换职业和行业做准备（39%）。

三　接受培训的内容

2011 届本科生毕业三年内接受的最主要的自费培训是从业资格证书培训（60%）。2011 届本科生毕业三年内接受的最主要的雇主培训是岗位技能和知识培训（92%）、公司文化和价值观培训（64%）。

一　接受培训的类型

培训：已经就业的大学毕业生接受的各项旨在提高工作技能水平、增强工作竞争力的教育活动。分为自费培训和雇主提供的培训。

图 2－5－1 是 2011 届本科生毕业三年内接受的培训类型分布。可以看

出，2011 届本科生毕业三年内有 57% 接受过雇主提供的培训，10% 接受过自费培训，17% 既接受过自费培训又接受过雇主提供的培训，还有 16% 的人两类培训都没有接受过。

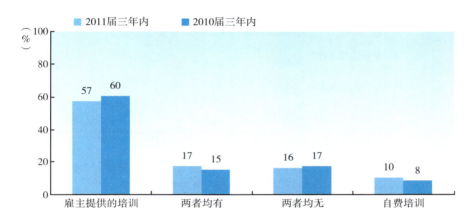

图 2 - 5 - 1 2011 届本科生毕业三年内接受培训类型的分布比例
（与 2010 届三年内对比）

数据来源：麦可思 - 中国 2010 届、2011 届大学毕业生三年后职业发展调查。

二 接受培训的原因

图 2 - 5 - 2 是 2011 届本科生毕业三年内接受自费培训的原因。可以看出，2011 届本科生毕业三年内接受自费培训前三位的原因是为了提升个人综合素质（75%）、在现有工作单位做好工作或晋升（48%）、为转换职业和行业做准备（39%）。

三 接受培训的内容

图 2 - 5 - 3 和图 2 - 5 - 4 分别是 2011 届本科生毕业三年内接受自费培训的内容和接受雇主培训的内容。可以看出，2011 届本科生毕业三年内接

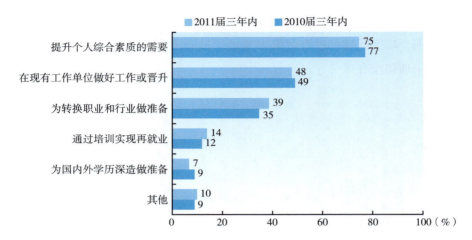

图 2 – 5 – 2　2011 届本科生毕业三年内接受自费培训的原因（多选）
（与 2010 届三年内对比）

数据来源：麦可思 – 中国 2010 届、2011 届大学毕业生三年后职业发展调查。

受的最主要的自费培训是从业资格证书培训（60%）。2011 届本科生毕业三年内接受的最主要的雇主培训是岗位技能和知识培训（92%）、公司文化和价值观培训（64%）。

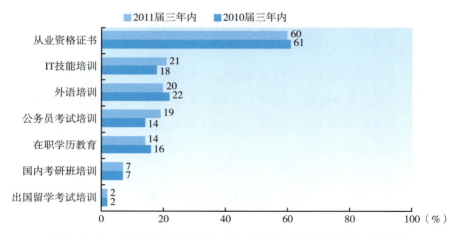

图 2 – 5 – 3　2011 届本科生毕业三年内接受自费培训的内容（多选）
（与 2010 届三年内对比）

数据来源：麦可思 – 中国 2010 届、2011 届大学毕业生三年后职业发展调查。

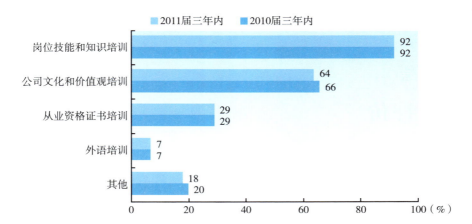

图 2 - 5 - 4 2011 届本科生毕业三年内接受雇主培训的内容（多选）
（与 2010 届三年内对比）

数据来源：麦可思 - 中国 2010 届、2011 届大学毕业生三年后职业发展调查。

第六章

校友评价

图 2 - 6 - 1 是 2011 届本科生毕业三年后认为母校专业教学中最需要改进的地方。可以看出，2011 届本科生在毕业三年后认为母校专业教学中最需要改进的前三位是实习和实践环节不够（47%）、课程内容不实用或陈旧（19%）、无法调动学生学习兴趣（16%）。

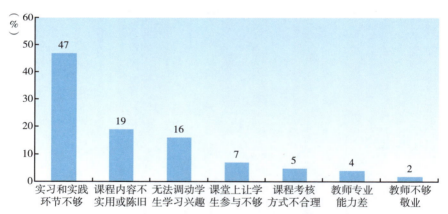

图 2 - 6 - 1　2011 届本科生毕业三年后认为母校专业教学中最需要改进的地方

数据来源：麦可思 - 中国 2011 届大学毕业生三年后职业发展调查。

表 2 - 6 - 1　2011 届本科主要专业类毕业生毕业三年后认为

母校专业教学中最需要改进的地方[*]

单位：%

本科专业类名称	第一需要改进的地方	第二需要改进的地方	第三需要改进的地方
材料科学类	实习和实践环节不够	无法调动学生学习兴趣	课程内容不实用或陈旧
材料类	实习和实践环节不够	课程内容不实用或陈旧	无法调动学生学习兴趣
测绘类	实习和实践环节不够	无法调动学生学习兴趣	课程内容不实用或陈旧

续表

本科专业类名称	第一需要改进的地方	第二需要改进的地方	第三需要改进的地方
地矿类	实习和实践环节不够	无法调动学生学习兴趣	课程内容不实用或陈旧
地理科学类	实习和实践环节不够	课程内容不实用或陈旧	无法调动学生学习兴趣
电气信息类	实习和实践环节不够	无法调动学生学习兴趣	课程内容不实用或陈旧
电子信息科学类	实习和实践环节不够	无法调动学生学习兴趣	课程内容不实用或陈旧
法学类	实习和实践环节不够	课程内容不实用或陈旧	无法调动学生学习兴趣
工商管理类	实习和实践环节不够	课程内容不实用或陈旧	无法调动学生学习兴趣
公安学类	实习和实践环节不够	课程内容不实用或陈旧	无法调动学生学习兴趣
公共管理类	实习和实践环节不够	课程内容不实用或陈旧	无法调动学生学习兴趣
管理科学与工程类	实习和实践环节不够	课程内容不实用或陈旧	无法调动学生学习兴趣
护理学类	实习和实践环节不够	无法调动学生学习兴趣	课程内容不实用或陈旧
化工与制药类	实习和实践环节不够	课程内容不实用或陈旧	无法调动学生学习兴趣
化学类	实习和实践环节不够	课程内容不实用或陈旧	无法调动学生学习兴趣
环境科学类	实习和实践环节不够	课程内容不实用或陈旧	无法调动学生学习兴趣
环境生态类	实习和实践环节不够	课程内容不实用或陈旧	无法调动学生学习兴趣
环境与安全类	实习和实践环节不够	无法调动学生学习兴趣	课程内容不实用或陈旧
机械类	实习和实践环节不够	无法调动学生学习兴趣	课程内容不实用或陈旧
交通运输类	实习和实践环节不够	课程内容不实用或陈旧	无法调动学生学习兴趣
教育学类	实习和实践环节不够	课程内容不实用或陈旧	无法调动学生学习兴趣
经济学类	实习和实践环节不够	课程内容不实用或陈旧	无法调动学生学习兴趣
历史学类	实习和实践环节不够	课程内容不实用或陈旧	无法调动学生学习兴趣
临床医学与医学技术类	实习和实践环节不够	无法调动学生学习兴趣	课程考核方式不合理
能源动力类	实习和实践环节不够	课程内容不实用或陈旧	无法调动学生学习兴趣
轻工纺织食品类	实习和实践环节不够	课程内容不实用或陈旧	无法调动学生学习兴趣
社会学类	实习和实践环节不够	课程内容不实用或陈旧	无法调动学生学习兴趣
生物工程类	实习和实践环节不够	课程内容不实用或陈旧	无法调动学生学习兴趣
生物科学类	实习和实践环节不够	无法调动学生学习兴趣	课程内容不实用或陈旧
数学类	实习和实践环节不够	无法调动学生学习兴趣	课程内容不实用或陈旧
水利类	实习和实践环节不够	无法调动学生学习兴趣	课程内容不实用或陈旧
体育学类	实习和实践环节不够	课程内容不实用或陈旧	无法调动学生学习兴趣
统计学类	实习和实践环节不够	课程内容不实用或陈旧	无法调动学生学习兴趣
土建类	实习和实践环节不够	无法调动学生学习兴趣	课程内容不实用或陈旧
外国语言文学类	实习和实践环节不够	课程内容不实用或陈旧	无法调动学生学习兴趣
物理学类	实习和实践环节不够	课程内容不实用或陈旧	无法调动学生学习兴趣
心理学类	实习和实践环节不够	课程内容不实用或陈旧	无法调动学生学习兴趣
新闻传播学类	实习和实践环节不够	课程内容不实用或陈旧	无法调动学生学习兴趣
药学类	实习和实践环节不够	无法调动学生学习兴趣	课程内容不实用或陈旧
仪器仪表类	实习和实践环节不够	无法调动学生学习兴趣	课程内容不实用或陈旧
艺术类	实习和实践环节不够	课程内容不实用或陈旧	无法调动学生学习兴趣
政治学类	实习和实践环节不够	课程内容不实用或陈旧	无法调动学生学习兴趣
植物生产类	实习和实践环节不够	课程内容不实用或陈旧	无法调动学生学习兴趣
中国语言文学类	实习和实践环节不够	课程内容不实用或陈旧	无法调动学生学习兴趣

＊个别专业类因为样本较少，没有包括在内。

数据来源：麦可思－中国2011届大学毕业生三年后职业发展调查。

分报告三 专题研究

B.18
本科毕业生需求变化趋势分析

结论摘要

一 失业比例逐年下降

1. 2010～2014届本科毕业生失业比例五年来呈下降趋势，从8.1%降至6.4%。数据表明，这五年的下降主要由"无工作，继续寻找工作"的下降所驱动，有求职意愿的毕业生通过继续寻找，在毕业半年后找到一份工作的机会逐年提高，反映了劳动力市场对本科毕业生的需求增长。

2. 失业比例下降的一个原因是毕业去向的分流。对非失业的毕业生去向进行细分，全职工作的比例呈下降趋势，"自主创业"、"正在国内读研"与"正在港澳台及国外读研"的比例持续上升，其余去向基本持平。这些数据表明，本科毕业生的去向正在从"单一出口"（即"受雇全职工作"）向"多口径分流"（即"自主创业"＋"正在国内读研"＋"正在港澳台及国外读研")转变。这说明在《国家中长期教育改革和发展纲要(2010 – 2020 年)》出台之后,鼓励大学生创新创业的各项相关举措取得了初步成效,在五年之内,本科毕业生的创业比例倍增,国内读研比例的涨幅超过七成。另外,在创业的 2014 届本科毕业生中,有 48% 是出于创业梦想而自主创业,远远高于 7% 因为就业压力而被动创业的人数比例。在国内读研的 2014 届本科毕业生中,22% 是出于学术追求,也高于 18% 因为就业压力而被动读研的人数比例。

3. 失业比例下降的另一个原因是产业升级对受过本科教育的劳动力的需求增长。2010~2014 届本科毕业生的就业率在大部分学科门类都有所上升。根据麦可思调查,9 个主要学科门类有这五年就业率的完整数据,其中 7 个都呈上升趋势。尤其是医学类,从 89.3% 提高到 92.8%,以增加 3.5 个百分点领跑,紧随其后的是教育类(增加了 2.8 个百分点)。

二 平均月收入逐年上升,跑赢通货膨胀

1. 2010~2014 届本科毕业生的平均月收入从 2815 元增长到 3773 元,增幅为 34%。考虑到通货膨胀因素,在根据 CPI(即消费者物价指数,衡量通货膨胀程度的重要指标之一)进行调整后,2010~2014 届本科毕业生的平均月收入从 2815 元增长到 3334 元,增幅为 18%。这表明在剔除通货膨胀的影响之后,本科毕业生的实际收入水平仍然有明显提高。在这五年里,失业比例逐年下降,月收入逐年上升,这两大趋势同时出现,有力地证明了劳动力市场对本科毕业生的需求增长,整体上没有出现"为了降低失业比例而接受低收入"的低就业现象。

2. 从月收入的分布情况来看,2010~2014 届本科毕业生的月收入峰值从 2500 元以下的低收入区间向 3500 元左右的中等收入区间移动。数据表明,本科毕业生里的"蚁族"现象在过去五年有所缓解,2010~2014 届本科毕业生月收入在 2500 元(含)以下的所占比例逐年明显减少,依次为 40.9%(2010 届)、33.1%(2011 届)、24.9%(2012 届)、17.9%(2013 届)、15.1%(2014 届)。

三 支持城市化进程、产业升级与中小型民企发展

（一）近五成在地级市及以下的地区就业

从毕业去向的城市类型来看，2010～2014届本科毕业生在地级市及以下就业的比例基本持平。数据表明，在过去五年里，本科毕业生的就业城市分布已经初步出现"重心下沉"，就业比例在直辖市为两成左右，在副省级城市有三成，在地级市及以下的地区接近五成。如果加强这方面的政策引导，大学毕业生去向与城市化进程的不匹配现象有望得到进一步缓解。

（二）医疗、教育和建筑人才需求出现增长

从毕业生从事的主要职业与主要行业这两个指标来看，医疗、教育和建筑这三个产业在过去五年对本科毕业生的需求出现了明显增长，而在金融和制造这两个产业出现了明显下降。在出现增长的产业里，建筑比较特殊，其人才需求在2012届和2013届有明显的上升，之前两年和后一年均出现波动。参考麦肯锡报告，建筑也是属于增长较快的产业，2010～2020年的高技能人才需求量将增长300万，因此与此处结论并不相悖。在出现下降的产业里，金融主要是受2009年经济危机之后的"救市"资金影响，在2010届的就业比例处于峰值，此后逐年下降。这也与股市等金融市场前几年低迷的整体趋势方向一致，直到2014年下半年才开始回暖。另外，以加工为主的劳动密集型制造业，例如机械五金、电子电器等，就业比例也呈下降趋势。参考麦肯锡报告，珠江三角洲的低端制造业劳动力成本在2011年和2012年分别上涨了11%和8%，迫使雇主把工厂搬到了劳动力成本更低的印度或越南，这个行业里对高级专门人才或管理人才的需求也相应减少。这是本科毕业生在制造业就业比例下降的一个原因。如果这些本科毕业生不能通过学校的培养和自身的努力，满足现代服务业（例如医疗、教育、金融）和高端制造业对人才在知识、技能、素养方面的要求，那么出现毕业生供给与产业升级不匹配风险的机会就比较高。

（三）五成左右在中小型民企就业

从雇主类型来看，本科毕业生在民营企业的就业比例呈上升趋势，五年

上涨 10 个百分点，已接近五成。其他类型的雇主需求也有所变化，其中国企和外企的需求下降明显。2010～2014 届本科毕业生中，在国有企业的就业比例从 31% 下降到 23%，在中外合资/外资/独资企业就业的比例从 17% 下降到 11%，这种趋势反映了在过去五年里国企在酝酿及进行的新一轮战略重组，也与前面提到的劳动力成本上升带来的外资撤离的经济形势方向一致。

从雇主规模来看，这五年来，本科毕业生主要从大型企业流向了中小型企业。2010～2014 届本科毕业生中，在 300 人以下中小型企业就业的人数比例呈上升趋势（从 35% 增长到 47%），在 3001 人以上大型企业就业的人数比例呈下降趋势（从 36% 下降到 26%）。参考麦肯锡报告，这些中小型企业通常无法提供大型企业那样系统、专业的入职培训，需要毕业生最好上岗就具有"可雇佣能力"，能有效沟通、解决复杂问题等。结合麦可思数据，2010～2014 届本科毕业生认为"有效的口头沟通能力"重要度持平在76% 左右，满足度略有下降，从 86% 降到 83%；毕业生认为"解决复杂问题的能力"重要度略有上升，从 67% 升到 69%，满足度也略有下降，从84% 降到 82%。这种"可雇佣能力"的培养需要一定时间的积累，在短期内难以出现明显提升。如果出现了部分能力的"短板"并长期不能得到弥补，例如前面提到这些能力满足度的下降，就会出现毕业生供给与雇主期待不匹配的现象。

一 研究概况

麦肯锡全球研究院在 2013 年 5 月发布了名为《一个价值 2500 亿美金的问题：中国能否填补技能缺口？》的报告。在报告中，研究者估算到 2020年，随着人口总量下降，城市化进程和产业升级，中国至少短缺 2400 万受过高等教育的劳动者。"如果这个缺口不能填补，带来的经济损失会高达2500 亿美元（相当于 GDP 的 2.3%），比我国香港或一个以色列的经济总产值还高"。在这个巨大的人才缺口里，对本科毕业生的需求占了800万人。因此，分析本科毕业生的需求变化趋势，对创新人才培养、经济持续增长、地区均衡发展等国家战略目标的达成具有重要意义。

本专题分析基于麦可思调查数据。麦可思公司自2007年开始进行大学毕业生就业调查，并从2009年开始根据调查结果每年发布《中国大学生就业报告》（就业蓝皮书），迄今已进行了连续九年的全国调查，出版了七本就业蓝皮书，建立了2006～2014届中国大学毕业生就业数据库。这个数据库的价值在于：首先，调查持续时间之长，覆盖样本量之大，不仅在中国高等教育领域是首次，在世界范围内也难以找到可以在时间跨度或调查规模上与之相比的大学毕业生就业调查。其次，考虑到雇主（即劳动力需求方）调查相对答题率低，成本高，周期长，从大学生（即劳动力供给方）调查反馈回来的劳动力市场信息更为宝贵。此外，前面提到的麦肯锡报告主要基于国家统计局数据以及麦肯锡在中国开展的调研。如果本专题分析使用麦可思数据得出了同样结论，那么就相当于用来源与调查方式都不同的数据进行了一次检验，可增强结论的说服力。麦可思数据可与其他机构的调查互为补充，为大学毕业生的供需分析提供更加全面的信息。

本专题分析聚焦在2010～2014届本科毕业生①。以2010届为起点，因为这与《国家中长期教育改革和发展纲要（2010－2020年)》（以下简称《纲要》）同步，正好在《纲要》实施过半这个重要节点来进行一次中期回顾。另一个原因是由于经济危机的影响，2009届毕业生的就业情况出现较为异常的波动，不适合作为趋势分析的起点。所以，本专题的研究范围可以更准确地表达为在《纲要》开始实施和经济危机发生之后的本科毕业生的需求变化趋势分析。

本专题主要从失业比例、月收入、就业城市类型、主要就业职业和行业、雇主类型这五方面来分析本科毕业生的需求变化趋势。分析的主要问题

---

① 即普通本科毕业生，不含高职高专毕业生、研究生。在层次划分上，本科毕业生是按学历层次（本科）而非院校类型（普通本科院校）来划分的，即高职高专院校中的本科生计入本科毕业生。

包括：这五方面反映出来的需求变化呈现哪些特点？是否支持麦肯锡报告里关于技能缺口的结论？是否存在麦肯锡报告里提出的三大不匹配现象？这里的三大不匹配是指大学毕业生的去向与城市化进程不匹配，与产业升级不匹配，与雇主期待不匹配。如果存在这些不匹配现象，政策制定者、高校管理者、雇主等可以采取哪些行动来加以缓解？

二　失业比例逐年下降

根据麦可思数据，如图 3－1 所示，2010～2014 届本科毕业生失业比例从 8.1% 降低到 6.4%。这五年呈现出一种下降的趋势，依次为 8.1%（2010 届）、8.2%（2011 届）、7.6%（2012 届）、7.2%（2013 届）、6.4%（2014 届），此处的失业比例计算，由"无工作，准备国内读研"、"无工作，准备到港澳台及国外读研"、"无工作，继续寻找工作"和"无工作，其他"四类去向相加得出。数据表明，这五年的下降主要由"无工作，继续寻找工作"的下降所驱动，有求职意愿的毕业生通过继续寻找，在毕业半年后找到一份工作的机会逐年提高。这反映了劳动力市场对本科毕业生的需求增长，支持麦肯锡报告里对高技能人才短缺的预测。

失业比例下降的一个原因是毕业去向的分流。对非失业的毕业生去向进行细分，全职工作的比例呈下降趋势，"自主创业"、"正在国内读研"与"正在港澳台及国外读研"的比例持续上升，其余去向基本持平。这些数据表明，本科毕业生的去向正在从"单一出口"（即"受雇全职工作"）向"多口径分流"（即"自主创业"＋"正在国内读研"＋"正在港澳台及国外读研"）转变。其中创业和在国内读研的比例增长明显。2010～2014 届本科毕业生自主创业比例从 0.9% 增长到 2.0%，在国内读研比例从 6.7% 增长到 11.7%。这说明在《纲要》出台之后，鼓励大学生创新创业的各项相关举措取得了初步成效，在五年之内，本科毕业生的创业比例倍增，国内读研比例的涨幅超过七成。根据麦可思数据，在创业的 2014 届本科毕业生中，有 48% 是出于创业梦想而自主创业，远远高于 7% 因为就业压力而被动创业的人数比例。在国内读研的 2014 届本科毕业生中，22% 是出于学术追求，也高于 18% 因为就业压力而被动读研的人数比例。

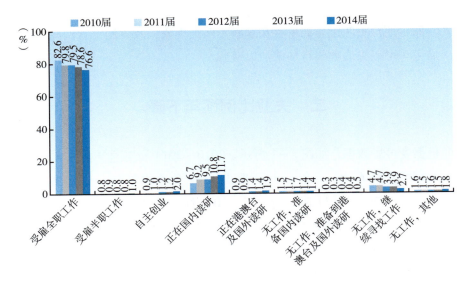

图 3-1 2010~2014 届本科院校毕业生毕业半年后的去向分布变化 *

* 2014 届新增选项"毕业后入伍"（0.4%）没有展示在图中。
数据来源：麦可思－中国 2010~2014 届大学毕业生社会需求与培养质量调查。

失业比例下降的另一个原因是产业升级对受过本科教育的劳动力的需求增长。2010~2014 届本科毕业生的就业率①在大部分学科门类都有所上升（见表 3-1）。根据麦可思调查，9 个主要学科门类有这五年就业率的完整数据，其中 7 个都呈现上升趋势。尤其是医学类，从 89.3% 提高到 92.8%，以增加 3.5 个百分点领跑，紧随其后的是教育类（增加了 2.8 个百分点）（见图 3-2）。这一趋势与麦肯锡报告里根据国家统计局数据得出的结论不谋而合。麦肯锡估算 2010~2020 年，对大学毕业生需求最强劲的前三大产业分别是医疗与社会服务（将增长 1100 万）、制造（将增长 1100 万）和教

---

① 本科毕业生的就业率＝已就业本科毕业生数/需就业的总本科毕业生数；需要注意的是，按劳动经济学的就业率定义，已就业人数不包括国内外读研人数，需就业的总毕业生数也不包括国内外读研的人数；政府教育机构统计的就业率通常包括国内外读研人数。

育（将增长 700 万）。对受过本科教育的劳动力需求出现高增长的主要职业与主要行业将在后面展开进一步的数据分析。

表3－1　2010～2014 届本科主要学科门类毕业生毕业半年后的就业率变化趋势*

单位：%

本科学科门类名称	2010 届	2011 届	2012 届	2013 届	2014 届
管 理 学	92.3	91.9	92.9	93.5	93.4
工　　学	93.3	92.5	92.7	92.6	93.1
医　　学	89.3	91.5	90.4	90.7	92.8
经 济 学	91.3	90.0	92.0	91.9	91.7
文　　学	88.9	88.9	88.9	89.3	91.3
教 育 学	87.7	87.1	91.1	90.0	90.5
理　　学	88.9	89.1	89.1	88.1	90.5
农　　学	88.3	91.3	89.6	89.8	90.3
法　　学	86.7	86.8	87.2	88.4	88.4

*哲学、历史学门类因样本不足，数据缺失。

数据来源：麦可思－中国 2010～2014 届大学毕业生社会需求与培养质量调查。

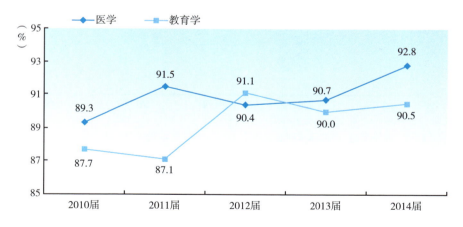

图3－2　2010～2014 届本科毕业生就业率提高较大的主要学科门类

数据来源：麦可思－中国 2010～2014 届大学毕业生社会需求与培养质量调查。

三 平均月收入逐年上升，跑赢通货膨胀

根据麦可思数据，如图 3-3 所示，2010~2014 届本科毕业生的平均月收入从 2815 元增长到 3773 元，增幅为 34%。考虑到通货膨胀因素，在根据 CPI（即消费者物价指数，衡量通货膨胀程度的重要指标之一）进行调整后，2010~2014 届本科毕业生的平均月收入从 2815 元增长到 3334 元，增幅为 18%。这表明在剔除通货膨胀的影响之后，本科毕业生的实际收入水平仍然有明显提高。在这五年里，失业比例逐年下降，月收入逐年上升，这两大趋势同时出现，有力地证明了劳动力市场对本科毕业生的需求增长，整体上没有出现"为了降低失业比例而接受低收入"的低就业现象。

图 3-3 在不考虑/考虑通货膨胀因素下 2010~2014 届本科毕业生毕业半年后月收入

数据来源：麦可思-中国 2010~2014 届大学毕业生社会需求与培养质量调查；中华人民共和国国家统计局。

从月收入的分布情况来看，如图 3-4 所示，2010~2014 届本科毕业生的月收入峰值从 2500 元以下的低收入区间向 3500 元左右的中等收入区间移动。根据廉思 2009 年的"蚁族"调查，"蚁族"指大学毕业生里的低收入聚居群体，他们平均月收入在 2000 元以下，绝大多数没有社保和正式的劳动合同，在城乡结合部合租群居。考虑到本科毕业生的平均月收入比高职高专毕业生相对较高，在此选用 2500 元作为判断本科毕业生是否"蚁族"的标准。麦可思数据表明，本科毕业生里的"蚁族"现象在过去五年有所缓解，2010～2014 届本科毕业生月收入在 2500 元（含）以下的所占比例逐年明显减少，依次为 40.9%（2010 届）、33.1%（2011 届）、24.9%（2012 届）、17.9%（2013 届）、15.1%（2014 届）。

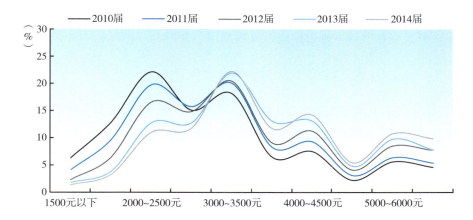

图 3 - 4　2010～2014 届本科生毕业半年后的月收入分布

数据来源：麦可思 - 中国 2010～2014 届大学毕业生社会需求与培养质量调查。

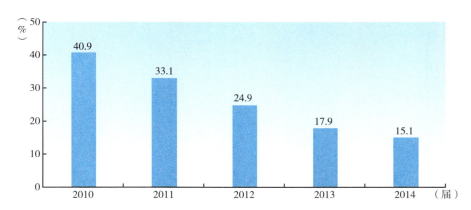

图 3 - 5　2010～2014 届普通本科毕业半年后月收入在 2500 元（含）以下的人群比例

数据来源：麦可思 - 中国 2010～2014 届大学毕业生社会需求与培养质量调查。

四　支持城市化进程、产业升级与中小型民企发展

在麦肯锡报告中，还提到了劳动力市场里的三种不匹配现象，会导致大学毕业生的供给无法满足劳动力市场对高技能人才增长的需求，从而到2020年造成2500亿美元的经济损失。这三大不匹配现象是指大学毕业生的去向与城市化进程不匹配，与产业升级不匹配，与雇主期待不匹配。这些现象是否真实存在？接下来根据麦可思数据逐一分析。

（一）近五成在地级市及以下的地区就业

从毕业去向的城市类型来看，如图3-6所示，2010~2014届本科毕业生在地级市及以下就业的比例基本持平。麦肯锡报告预测，中国接下来20年城市化进程的主战场将从40个超大城市（包括直辖市、副省级城市及其他省会城市等）转移到数百个充满活力的中小城市。根据麦可思数据，过去五年里，本科毕业生的就业城市分布已经初步出现"重心下沉"，在直辖市就业比例为两成左右，在副省级城市约三成，在地级市及以下的地区接近五成。如果加强这方面的政策引导，大学毕业生去向与城市化进程的不匹配现象有望得到进一步缓解。

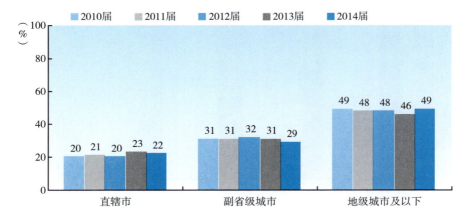

图3-6　2010~2014届本科毕业生的三类就业城市分布

数据来源：麦可思-中国2010~2014届大学毕业生社会需求与培养质量调查。

（二）医疗、教育和建筑人才需求出现增长

从本科毕业生从事的主要职业与主要行业这两个指标来看，医疗和教育这两个产业在过去五年对本科毕业生的需求出现了明显增长，而在金融和制造这两个产业出现了明显下降。在出现增长的产业里，建筑比较特殊，其人才需求在2012届和2013届有明显的上升，之前两年和后一年均出现波动。在麦肯锡报告里，建筑也是属于增长较快的产业，2010~2020年高技能人才的需求将增长300万，因此与此处结论并不相悖。在出现下降的产业里，金融主要是受2009年经济危机之后的"救市"资金影响，在2010届的就业比例处于峰值，此后逐年下降。这也与股市等金融市场前几年低迷的整体趋势一致，直到2014年下半年才开始回暖。这里的制造主要是以加工为主的劳动密集型制造业，例如机械五金、电子电器等。根据麦肯锡报告，珠江三角洲的低端制造业劳动力成本在2011年和2012年分别上涨了11%和8%，迫使雇主把工厂搬到了劳动力成本更低的印度或越南，这个行业对高级专门人才或管理人才的需求也相应减少。这是本科毕业生在制造业就业比例下降的一个原因。如果这些本科毕业生不能通过学校的培养和自身的努力，满足现代服务业（例如医疗、教育、金融）和高端制造业对人才在知识、技能、素养方面的要求，那么出现毕业生供给与产业升级不匹配风险的机会就比较高。

聚焦在就业比例较高的职业类中，如表3-2所示，2010~2014届本科毕业生就业比例增长最明显的前五位职业类分别是中小学教育[①]（增加了3.9个百分点）、医疗保健/紧急救助（增加了2.9个百分点）、建筑工程（增加了2.7个百分点）、互联网开发及应用（增加了2.1个百分点）与美术/设计/创意（增加了1.2个百分点）。下降最明显的前五位职业类分别是销售（降低了4.2个百分点）、金融（银行/基金/证券/期货/理财）（降低了3.4个百分

---

① 虽然初中和小学的生源下降，但是高中阶段由于毛入学率提高，学生数量有所上升。此外，数据既包括中小学教师，也包括校外辅导。中小学的校外辅导也吸纳了一定比例的本科毕业生就业。

点）、电气/电子（不包括计算机）（降低了 2.0 个百分点）、财务/审计/税务/统计（降低了 1.5 个百分点）与机械/仪器仪表（降低了 1.4 个百分点）。

聚焦在就业比例较高的行业类中，如表 3－3 所示，2010～2014 届本科毕业生就业比例增长最明显的前五位行业类分别是教育业（增加了 5.4 个百分点）、建筑业（增加了 3.5 个百分点）、医疗和社会护理服务业（增加了 3.1 个百分点）、其他服务业（除行政服务）（增加了 1 个百分点）、房地产开发销售租赁及其他租赁业和运输业（均增加了 0.7 个百分点）。下降最明显的前五位行业类分别是金融（银行/保险/证券）业（降低了 4.9 个百分点）、电子电气仪器设备及电脑制造业（降低了 3.6 个百分点）、机械五金制造业（降低了 1.9 个百分点）、"化学品、化工、塑胶业"（降低了 1.2 个百分点）与交通工具制造业（降低了 0.9 个百分点）。

表 3－2　2010～2014 届本科毕业生从事的主要职业类及就业比例*

单位：%

本科毕业生从事的 职业类名称	2010 届	2011 届	2012 届	2013 届	2014 届
财务/审计/税务/统计	9.6	10.3	10.4	8.1	8.1
销售	12.0	10.9	10.0	7.5	7.8
行政/后勤	8.0	9.6	8.7	8.5	7.6
建筑工程	4.9	4.4	5.4	8.3	7.6
中小学教育	2.6	4.2	3.8	5.6	6.5
金融（银行/基金/证券/期货/理财）	8.8	7.1	7.2	5.3	5.4
计算机与数据处理	6.2	6.9	7.2	5.9	5.0
电气/电子(不包括计算机)	6.4	4.7	4.8	5.4	4.4
医疗保健/紧急救助	1.2	1.4	1.4	2.2	4.1
机械/仪器仪表	5.3	3.2	3.6	4.5	3.9
互联网开发及应用	1.8	2.3	2.4	2.5	3.9
美术/设计/创意	1.2	2.0	1.8	2.1	2.4
人力资源	3.0	3.5	3.3	2.1	2.4
媒体/出版	2.0	2.7	2.3	2.1	2.2
生产/运营	2.3	1.4	1.5	1.2	2.1
高等教育/职业培训	1.4	1.9	1.7	2.8	1.9

续表

本科毕业生从事的 职业类名称	2010 届	2011 届	2012 届	2013 届	2014 届
机动车机械/电子	1.9	1.2	1.8	1.8	1.7
公安/检察/法院/经济执法	2.6	1.6	1.7	2.1	1.5
电力/能源	1.8	1.1	1.3	1.6	1.5
生物/化工	1.6	1.8	1.7	1.5	1.5
物流/采购	2.0	1.9	1.8	1.5	1.4
交通运输/邮电	0.7	0.8	1.1	1.5	1.3
工业安全与质量	1.0	0.9	1.0	1.2	1.2
翻译	1.0	1.4	1.1	1.0	1.1
保险	1.0	1.3	1.1	0.9	1.1
房地产经营	0.8	1.0	1.0	1.4	1.0

＊不包括 2014 届本科毕业生就业人数比例在 1% 以下的职业类。

数据来源：麦可思 – 中国 2010～2014 届大学毕业生社会需求与培养质量调查。

表 3 – 3　2010～2014 届本科毕业生就业的主要行业类及就业比例＊

单位：%

本科毕业生就业的 行业类名称	2010 届	2011 届	2012 届	2013 届	2014 届
教育业	5.2	7.7	7.2	10.0	10.6
建筑业	6.7	6.5	7.4	10.6	10.2
媒体、信息及通信产业	8.5	10.5	10.0	8.7	8.5
金融(银行/保险/证券)业	12.9	11.0	10.7	8.5	8.0
电子电气仪器设备及电脑制造业	10.7	8.9	7.9	7.2	7.1
政府及公共管理	5.8	5.9	6.4	6.6	5.3
各类专业设计与咨询服务业	5.2	5.7	5.3	5.4	5.0
医疗和社会护理服务业	1.7	1.9	1.8	2.9	4.8
机械五金制造业	6.2	4.6	4.8	4.7	4.3
零售商业	4.2	4.6	4.5	3.5	3.8
化学品、化工、塑胶业	4.6	4.3	4.1	3.7	3.4
交通工具制造业	4.3	3.1	3.7	3.4	3.4
房地产开发销售租赁及其他租赁业	2.0	2.6	2.6	3.0	2.7
行政、商业和环境保护辅助业	2.1	2.0	1.7	2.5	2.5
水电煤气公用事业	2.9	1.9	2.5	2.6	2.3
运输业	1.6	1.6	1.9	2.4	2.3

续表

本科毕业生就业的 行业类名称	2010 届	2011 届	2012 届	2013 届	2014 届
家具、医疗设备及其他制成品业	1.9	2.3	2.3	2.0	2.2
食品、烟草、加工业	2.5	2.4	2.6	1.6	1.7
其他服务业（除行政服务）	0.7	1.5	1.3	1.5	1.7
纺织皮革及成品加工业	1.3	1.4	1.4	1.4	1.6
批发商业	1.5	1.5	1.5	1.0	1.2
矿业	1.4	1.3	1.7	0.9	1.2
住宿和饮食业	0.8	1.2	1.1	0.9	1.2
邮递、物流及仓储业	1.3	1.2	1.3	1.0	1.1
艺术、娱乐和休闲业	0.6	1.0	1.0	0.9	1.1
初级金属制造业	1.4	1.0	1.0	0.9	1.1

＊不包括 2014 届本科毕业生就业人数比例在 1% 以下的行业类。

数据来源：麦可思－中国 2010～2014 届大学毕业生社会需求与培养质量调查。

（三）五成左右在中小型民企就业

从雇主类型来看，如图 3－7 所示，本科毕业生在民营企业的就业比例呈上升趋势，五年上涨 10 个百分点，已接近五成。其他类型的雇主需求也有所变化，其中国企和外企的需求下降明显。2010～2014 届本科毕业生中，在国有企业的就业比例从 31% 下降到 23%，在中外合资/外资/独资企业就业的比例从 17% 下降到 11%，这种趋势反映了在过去五年里国企在酝酿及进行的新一轮战略重组，也与前面提到的劳动力成本上升带来的外资撤离的经济形势一致。

从雇主规模来看，这五年来，本科毕业生的去向主要从大型企业流向了中小型企业。如图 3－8 所示，2010～2014 届本科毕业生中，在 300 人以下中小型企业就业的人数比例呈上升趋势（从 35% 增长到 47%），在 3001 人以上大型企业就业的人数比例呈下降趋势（从 36% 下降到 26%）。在麦肯锡报告里提到了中小型企业通常无法提供大型企业那样系统、专业的入职培训，需要毕业生最好一上岗就具有 "可雇佣能力"，能有效沟通、解决复杂问题等。根据麦可思数据，如图 3－9 和图 3－10 所示，2010～2014 届本科毕业生认为 "有效的口头沟通能力" 重要度持平在 76% 左右，满足度略有下降，从 86%

降到83%；毕业生认为"解决复杂问题的能力"重要度略有上升，从67%升到69%，满足度也略有下降，从84%降到82%。这种"可雇佣能力"的培养需要一定时间的积累，在短期内难以出现明显提升。如果出现了部分能力的"短板"并长期不能得到弥补，例如前面提到这些能力满足度的下降，就会出现毕业生供给与雇主期待不匹配的现象。

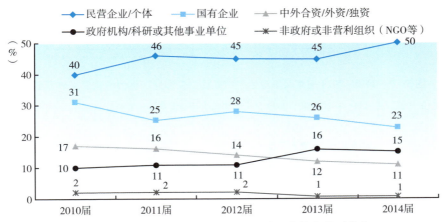

图3-7 2010~2014届本科毕业生的用人单位类型分布

数据来源：麦可思-中国2010~2014届大学毕业生社会需求与培养质量调查。

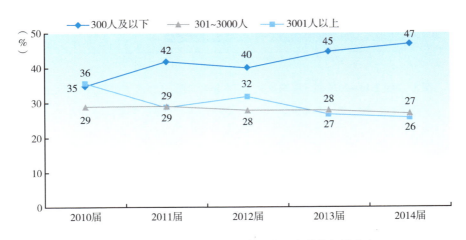

图3-8 2010~2014届本科毕业生用人单位规模分布

数据来源：麦可思-中国2010~2014届大学毕业生社会需求与培养质量调查。

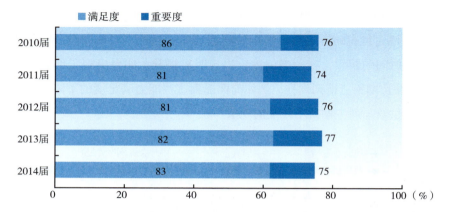

图 3 – 9　2010～2014 届本科毕业生"有效的口头沟通"能力的重要度和满足度

数据来源：麦可思 – 中国 2010～2014 届大学毕业生社会需求与培养质量调查。

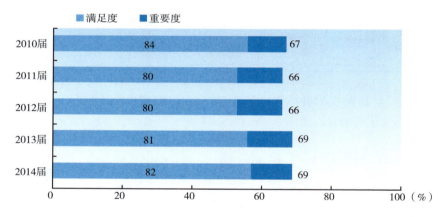

图 3 – 10　2010～2014 届本科毕业生"解决复杂问题的能力"的重要度和满足度

数据来源：麦可思 – 中国 2010～2014 届大学毕业生社会需求与培养质量调查。

五　总结

　　根据麦可思数据，2010～2014 届本科毕业生的失业比例逐年下降，平均月收入逐年上升，这两大趋势支持麦肯锡报告里的预测，即 2010～2020年，中国对高级专门人才的需求会出现增长，尤其是在教育、医疗和建筑业。本科毕业生是满足这个人才短缺的主要来源。为了填补这个缺口，要避免出现毕业生去向与城市化进程、产业升级、雇主期待的三大不匹配。具体措施包括吸引更多毕业生到地级市及以下的城市就业，根据产业升级的需要调整专业与课程，根据雇主反馈提高毕业生的"可雇佣能力"。其中根据产业升级调整专业与课程的难度最大，对"可雇佣能力"的提高也需关注。

总之，这些具体措施的出台与落地亟须政策制定者、高校管理者、雇主三方的协同作战，才能在 2020 年为实现《纲要》里的中长期规划交出一份满意的答卷，为达成国家的战略目标提供在规模和质量上都能胜任的人才支撑。

B.19
附录
名词解释

以下名词按照首字拼音字母的顺序排列。

0 ~9

"211"院校：1993 年 2 月 13 日中共中央、国务院印发的《中国教育改革和发展纲要》及国务院《关于〈中国教育改革和发展纲要〉的实施意见》中确定，国家要面向 21 世纪，重点建设 100 所左右的高等学校和一批重点学科点。迄今为止，全国共批准"211"院校 112 所。

B

本科各专业毕业生读研比例 = 各专业毕业生的读研人数/该专业毕业生总人数。

本科各专业毕业生读研转换专业的比例 = 各专业读研的毕业生转换专业的人数/该专业读研毕业生总人数。

毕业半年后：2014 届毕业生毕业第二年（即 2015 年）的 1 月。麦可思在此时展开调查，收集数据。此时毕业生的就业状况趋于稳定，有工作经历的毕业生也能够评估工作对自己知识、能力的要求水平。

毕业半年后的平均月收入：指大学生毕业半年后实际每月工作收入的平均值。

毕业去向分布：麦可思将中国本科毕业生的毕业状况分为十类：受雇全

职工作；受雇半职工作；自主创业；毕业后入伍；正在国内读研；正在港澳台地区及国外读研；无工作，准备国内读研；无工作，准备到港澳台地区及国外读研；无工作，继续寻找工作；无工作，其他。同理将中国高职高专毕业生的毕业状况分为七类：受雇全职工作；受雇半职工作；自主创业；毕业后入伍；毕业后读本科；无工作，继续寻找工作；无工作，其他。其中，受雇全职工作指平均每周工作 32 小时或以上，受雇半职工作指平均每周工作 20 小时到 31 小时。

毕业三年后：麦可思于 2014 年对 2011 届大学毕业生进行了三年后调查跟踪（曾于 2012 年年初对这批大学毕业生进行过半年后调查），本报告涉及的三年内的变化分析即使用两次对同一批大学生的跟踪调查数据。

毕业时掌握的核心知识水平：用于定义正在工作的大学毕业生所理解的对各项知识在刚毕业时实际掌握的级别，从低到高分为一级到七级。一级代表该知识的最低水平，取值 1/7；七级代表该知识的最高水平，取值 1。为了帮助答题人自评级别，问卷在一级到七级中分别举了三个例子，以帮助答题人理解知识水平差别。

毕业时掌握的基本工作能力水平：用于定义正在工作的大学毕业生所理解的在刚毕业时实际掌握的 35 项基本工作能力级别，从低到高分为一级到七级。一级代表该能力的最低水平，取值 1/7；七级代表该能力的最高水平，取值 1。为了帮助答题人自评级别，问卷在一级到七级中分别举了三个例子，以帮助答题人理解能力差别。

C

城市类型：本研究按行政级别把中国内地城市分为以下三种类型。

a. 直辖市：包括北京、上海、天津、重庆。

b. 副省级城市：包括哈尔滨、长春、沈阳、大连、济南、青岛、南京、杭州、宁波、厦门、广州、深圳、武汉、成都、西安 15 个城市。部分省会城市不属于副省级城市。

c. 地级城市及以下：如绵阳、保定、苏州等，也包括省会城市如福州、银川等以及地级市下属的县、乡等。

创新能力：指35项基本工作能力中与创新能力相关的几项能力，创新能力包括科学分析、批判性思维、积极学习、新产品构思四种能力。

D

大学毕业生：本科院校、高职高专院校的毕业生。

待定族：指调查时处于失业状态且不打算求职和求学的大学毕业生。

F

非"211"本科院校：中国除"211"院校以外的所有本科院校。

非失业率：非失业率是以全体大学毕业生为计算基数，把就业和正在国内外读研的人群都算为非失业，主要可以用来评估"211"院校的毕业生状况。就业率的计算对"211"院校不科学，因为计算就业率时分子分母同时剔除读研人数，造成读研的毕业生越多，就业率就越低。所以非失业率才是评估"211"院校的科学指标。非失业率 = （已就业毕业生数 + 正在读研与留学毕业生数）/毕业生总数。

G

工作岗位要求的工作能力水平：用于定义正在工作的大学毕业生所理解的工作对35项基本工作能力的要求级别，从低到高分为一级到七级。一级代表该能力的最低水平，取值1/7；七级代表该能力的最高水平，取值1。为了帮助答题人自评级别，问卷在一到七级中分别举了三个例子，以帮助答题人理解能力差别。

工作能力：从事某项职业工作必须具备的能力，分为职业工作能力和基本工作能力。职业工作能力是从事某一职业特殊需要的能力，基本工作能力是所有工作都必须具备的能力，麦可思参考美国 SCANS 标准，把基本工作能力分为 35 项。根据麦可思的工作能力分类，中国大学生可以从事的职业共 695 个，对应的职业能力近万条。

工作要求的核心知识水平：用于定义正在工作的大学毕业生所理解的工作对各项知识的要求级别，从低到高分为一级到七级。一级代表该知识的最低水平，取值 1/7；七级代表该知识的最高水平，取值 1。为了帮助答题人自评级别，问卷在一到七级中分别举了三个例子，以帮助答题人理解知识水平差别。

工作与专业相关度 = 受雇全职工作并且与专业相关的毕业生人数/受雇全职工作的毕业生人数。

雇主数：指毕业生从第一份工作到三年后的调查时点，一共为多少个雇主工作过。雇主数越多，则工作转换得越频繁；雇主数可以代表毕业生工作稳定的程度。

H

行业：根据麦可思中国行业分类体系，本次调查覆盖了本科毕业生就业的 327 个行业。

行业转换率：行业转换是指毕业生在毕业半年后就业于某行业（小类），而毕业三年后进入不同的行业就业。行业转换率是指有多大比例的毕业生在毕业三年内转换了行业。其计算方法为：分母是毕业半年后有工作的毕业生数，分子是毕业三年后所在行业与半年后所在行业不同的毕业生数。

核心知识：从事某项职业工作必须具备的知识。麦可思参考美国 SCANS 标准，将核心知识分为 28 项。根据麦可思的核心知识分类，中国大学生可以从事的职业共 695 个，对应的职业知识近万条。

核心知识的满足度：毕业时掌握的核心知识水平满足社会初始岗位的工作要求水平的百分比，100% 为完全满足。满足度计算公式的分子是毕业时

掌握的核心知识水平，分母是工作要求的核心知识水平。

核心知识的重要度：用于定义正在工作的大学毕业生所理解的各项知识在其岗位工作中的重要程度，分为"无法评估"、"不重要"、"有些重要"、"重要"、"非常重要"和"极其重要"六个层次，数据处理时把重要性处理为百分比，0 代表"不重要"，25% 代表"有些重要"，50% 代表"重要"，75% 代表"非常重要"，100% 代表"极其重要"。

红牌专业：失业量较大，就业率、月收入和就业满意度综合较低的专业，为高失业风险型专业。

黄牌专业：除红牌专业外，失业量较大，就业率、月收入和就业满意度综合较低的专业。

J

基本工作能力的满足度：毕业时掌握的基本工作能力水平满足社会初始岗位的工作要求水平的百分比，100% 为完全满足。满足度计算公式的分子是毕业时掌握的基本工作能力水平，分母是工作要求的水平。

基本工作能力的重要度：用于定义正在工作的大学毕业生所理解的 35 项基本工作能力在其岗位工作中的重要程度，分为"无法评估"、"不重要"、"有些重要"、"重要"、"非常重要"和"极其重要"六个层次，数据处理时把重要性处理为百分比，0 代表"不重要"，25% 代表"有些重要"，50% 代表"重要"，75% 代表"非常重要"，100% 代表"极其重要"。

经济区域：本研究把中国内地 31 个省、直辖市和自治区分为八个经济体系区域。

a. 东北区域经济体：包括黑龙江、吉林、辽宁；

b. 泛渤海湾区域经济体：包括北京、天津、山东、河北、内蒙古、山西；

c. 陕甘宁青区域经济体：包括陕西、甘肃、宁夏、青海；

d. 中原区域经济体：包括河南、湖北、湖南；

e. 泛长江三角洲区域经济体：包括上海、江苏、浙江、江西、安徽；

f. 泛珠江三角洲区域经济体：包括广东、广西、福建、海南；

g. 西南区域经济体：包括重庆、四川、贵州、云南；

h. 西部生态经济区：包括西藏、新疆。

就业地：指大学毕业生在接受调查时的就业所在地区。

就业经济区域自主创业比例 = 在本经济区域自主创业的 2014 届大学毕业生人数/在本经济区域就业的 2014 届大学毕业生人数。

就业率：本科毕业生的就业率 = 已就业本科毕业生数/需就业的总本科毕业生数；需要注意的是，按劳动经济学的就业率定义，已就业人数不包括国内外读研人数，需就业的总毕业生数也不包括国内外读研的人数；政府教育机构统计的就业率通常包括国内外读研人数，也就是本报告中的非失业率。高职高专毕业生的就业率 = 已就业高职高专毕业生数/需就业的总高职高专毕业生数；其中，已就业人数不包括读本科人数，需就业的总毕业生数也不包括读本科人数。

就业满意度：在被调查的毕业生中，由就业人群对自己目前的就业现状进行主观判断，选项有"很满意"、"满意"、"不满意"、"很不满意"、"无法评估"共五项。其中，选择"满意"或"很满意"的人属于对就业现状满意，选择"不满意"或"很不满意"的人属于对就业现状不满意。

教学满意度：由被调查的 2014 届大学毕业生回答对母校的教学满意度，选项有"很满意"、"满意"、"不满意"、"很不满意"、"无法评估"共五项。其中，"满意"、"很满意"属于满意的范围，"不满意"、"很不满意"属于不满意的范围。教学满意度是回答满意范围的人数百分比，计算公式的分子是回答满意范围的人数，分母是回答不满意范围和满意范围的总人数。

L

离职类型：分为主动离职（辞职）、被雇主解职、两者均有（离职两次以上可能会出现）三类情形。

离职率：有过工作经历的 2014 届毕业生（从毕业时到 2014 年 12 月 31 日）有多大百分比发生过离职。离职率＝曾经发生离职行为的毕业生人数/现在工作或曾经工作过的毕业生人数。

绿牌专业：失业量较小，就业率、月收入和就业满意度综合较高的专业，为需求增长型专业。

<h1 style="text-align:center">P</h1>

培训：已经就业的大学毕业生接受的各项旨在提高工作技能水平、增强工作竞争力的教育活动。分为自费培训和雇主提供的培训。

<h1 style="text-align:center">S</h1>

三年后就业满意度：在被调查的毕业生中，由就业人群对自己目前的就业现状进行主观判断，选项有"很满意"、"满意"、"不满意"、"很不满意"、"无法评估"共五项。其中选择"满意"或"很满意"的人属于对就业现状满意，选择"不满意"或"很不满意"的人属于对就业现状不满意，就业人群包括："受雇全职工作"、"自主创业"。

素养提升：由被调查的毕业生选择大学对哪些方面素养的提升有帮助。毕业生可选择多项，也可选择大学对素养提升"没有任何帮助"。

社团活动：指被调查的毕业生在大学期间参加过的社团活动。社团活动包括："学术科技类（如统计协会、哲学社、英语角等）"、"社会实践类（如创业协会等）"、"公益类（如志愿者协会等）"、"社交联谊类"、"文化艺术类"（如文学社、书画协会等）、"表演艺术类（如演讲与口才、歌舞戏剧、声乐器乐协会等）"、"体育户外类"，一个毕业生可以选择参加多类社团活动，也可以选择"没参加任何社团活动"。

社团活动满意度：毕业生选择了参加某类社团活动后，会被要求评价对该类社团活动是否满意。社团活动满意度＝参加过该类社团活动并表示满意的人数/参加过该类社团活动的人数。

生活服务满意度： 由被调查的 2014 届大学毕业生回答对母校的生活服务满意度，选项有"很满意"、"满意"、"不满意"、"很不满意"、"无法评估"共五项。其中，"满意"、"很满意"属于满意的范围，"不满意"、"很不满意"属于不满意的范围。生活服务满意度是回答满意范围的人数百分比，计算公式的分子是回答满意范围的人数，分母是回答不满意范围和满意范围的总人数。

W

未就业： 本研究将应届大学毕业生在毕业半年后调查时没有全职或者半职雇用工作的状态，视为未就业。这包括准备考研、准备出国读研、还在找工作和"待定族"四种情况。失业率＝未就业毕业生数/需就业的总毕业生数。

五大类基本工作能力： 麦可思参考美国 SCANS 标准，35 项基本工作能力可划为五大类型，分别是理解与交流能力、科学思维能力、管理能力、应用分析能力和动手能力。

X

校友满意度： 由被调查的 2014 届大学毕业生回答对母校的总体满意度，选项有"很满意"、"满意"、"不满意"、"很不满意"、"无法评估"五项。其中，"满意"、"很满意"属于满意的范围，"不满意"、"很不满意"属于不满意的范围。校友满意度是回答满意范围的人数百分比，计算公式的分子是回答满意范围的人数，分母是回答不满意范围和满意范围的总人数。

校友推荐度： 在同等分数、同类型学校条件下，2014 届大学毕业生愿意推荐母校给亲朋好友去就读的比例。推荐度计算公式的分子是回答"愿意推荐"的人数，分母是回答"愿意推荐"、"不愿意推荐"、"不确定"的

总人数。

学科门类：按照教育部的专业目录以及学校新增的专业，本次调查覆盖了本科院校所开设的学科门类 11 个。

学生工作满意度：由被调查的 2014 届大学毕业生回答对母校的学生工作满意度，选项有"很满意"、"满意"、"不满意"、"很不满意"、"无法评估"五项。其中，"满意"、"很满意"属于满意的范围，"不满意"、"很不满意"属于不满意的范围。学生工作满意度是回答满意范围的人数百分比，计算公式的分子是回答满意范围的人数，分母是回答不满意范围和满意范围的总人数。

Y

已就业人群：包括"受雇全职工作"、"受雇半职工作"、"自主创业"、"毕业后入伍"四类人群。

优秀人才：毕业三年内晋升次数在三次及以上的大学毕业生。

月收入：指工资、奖金、业绩提成、现金福利补贴等所有的月度现金收入。

月收入的"增长率" ＝（2014 届毕业生的平均月收入 － 2013 届毕业生的平均月收入）/2013 届毕业生的平均月收入。

月收入涨幅绝对值：月收入涨幅绝对值 = 毕业三年后的月收入 － 毕业半年后的月收入。

月收入涨幅：月收入涨幅 = 月收入涨幅绝对值/毕业半年后的月收入。

Z

职位晋升：由已经工作的毕业生回答是否获得职位晋升以及获得晋升的次数。职位晋升是指享有比前一个职位更多的职权并承担更多的责任，由毕业生主观判断。这既包括不换雇主的内部提升，也包括通过更换雇主实现的晋升。

职位晋升次数：由毕业生自己回答获得职位晋升的次数，计算公式的分子是所有大学毕业生获得职位晋升次数之和，没有获得职位晋升的人记为 0 次，分母是三年内就业和就业过的大学毕业生数。

职业：根据麦可思中国职业分类体系，本次调查覆盖了本科毕业生能够从事的 613 个职业。

职业期待吻合度：毕业生被调查时的工作与职业期待吻合的人数百分比。

职业转换：职业转换是指毕业生在毕业半年后从事某种职业，毕业三年后由原职业转换到不同的职业。转换职业通常在工作单位内部完成的并不代表离职；反过来讲，更换雇主可能也不代表转换职业。

职业转换率：职业转换率是指有多大比例的毕业生在毕业三年内转换了职业。其计算方法为：分母是毕业半年后有工作的毕业生数，分子是毕业三年后从事的职业与半年后从事的职业不同的毕业生数。

专业：按照教育部的专业目录以及学校新增的专业，本次调查覆盖了本科院校所开设的专业 351 个。

专业类：按照教育部的专业目录以及学校新增的专业，本次调查覆盖了本科院校所开设的专业类 72 个。

自主创业集中的行业类的比例：2014 届同学历层次自主创业人群中有多大比例毕业生在该行业类就业，分子是 2014 届自主创业人群中在该行业类就业的毕业生人数，分母是 2014 届同学历层次毕业生自主创业的总人数。

自主创业集中的职业类的比例：2014 届同学历层次自主创业人群中有多大比例的毕业生从事该职业类。分子是 2014 届自主创业人群中从事该职业类的毕业生人数，分母是 2014 届同学历层次毕业生自主创业的总人数。

B.20 主要参考文献

[1] E. Grady Bogue, Kimberely Bingham Hall. *Quality and Accountability in Higher Education* [M]. Greenwood Publishing Group, Inc, 2003.

[2] James D. Fearon. 2002. Selection Effects and Deterrence. *International Interaction.* 28：5–29，2002.

[3] 麦可思研究院编著《2012 年中国大学生就业报告》，社会科学文献出版社，2012。

[4] 麦可思研究院编著《2013 年中国大学生就业报告》，社会科学文献出版社，2013。

[5] 麦可思研究院编著《2014 年中国大学生就业报告》，社会科学文献出版社，2014。

[6]《国家中长期教育改革和发展规划纲要（2010~2020 年)》，中央政府门户网站，2010。

[7]《教育部关于做好 2015 年全国普通高等学校毕业生就业创业工作的通知》，中华人民共和国教育部，教学〔2014〕15 号。

[8]《中华人民共和国职业分类大典》，中国劳动社会保障出版社，1999。

[9]《中华人民共和国职业分类大典》（2005 增补本)，中国劳动社会保障出版社，2005。

❖　皮书起源　❖

"皮书"起源于十七、十八世纪的英国，主要指官方或社会组织正式发表的重要文件或报告，多以"白皮书"命名。在中国，"皮书"这一概念被社会广泛接受，并被成功运作、发展成为一种全新的出版型态，则源于中国社会科学院社会科学文献出版社。

❖　皮书定义　❖

皮书是对中国与世界发展状况和热点问题进行年度监测，以专业的角度、专家的视野和实证研究方法，针对某一领域或区域现状与发展态势展开分析和预测，具备权威性、前沿性、原创性、实证性、时效性等特点的连续性公开出版物，由一系列权威研究报告组成。皮书系列是社会科学文献出版社编辑出版的蓝皮书、绿皮书、黄皮书等的统称。

❖　皮书作者　❖

皮书系列的作者以中国社会科学院、著名高校、地方社会科学院的研究人员为主，多为国内一流研究机构的权威专家学者，他们的看法和观点代表了学界对中国与世界的现实和未来最高水平的解读与分析。

❖　皮书荣誉　❖

皮书系列已成为社会科学文献出版社的著名图书品牌和中国社会科学院的知名学术品牌。2011年，皮书系列正式列入"十二五"国家重点图书出版规划项目；2012~2014年，重点皮书列入中国社会科学院承担的国家哲学社会科学创新工程项目；2015年，41种院外皮书使用"中国社会科学院创新工程学术出版项目"标识。

中国皮书网

www.pishu.cn

发布皮书研创资讯，传播皮书精彩内容
引领皮书出版潮流，打造皮书服务平台

栏目设置：

□ 资讯：皮书动态、皮书观点、皮书数据、
　　　　皮书报道、皮书发布、电子期刊
□ 标准：皮书评价、皮书研究、皮书规范
□ 服务：最新皮书、皮书书目、重点推荐、在线购书
□ 链接：皮书数据库、皮书博客、皮书微博、在线书城
□ 搜索：资讯、图书、研究动态、皮书专家、研创团队

中国皮书网依托皮书系列"权威、前沿、原创"的优质内容资源，通过文字、图片、音频、视频等多种元素，在皮书研创者、使用者之间搭建了一个成果展示、资源共享的互动平台。

自 2005 年 12 月正式上线以来，中国皮书网的 IP 访问量、PV 浏览量与日俱增，受到海内外研究者、公务人员、商务人士以及专业读者的广泛关注。

2008 年、2011 年中国皮书网均在全国新闻出版业网站荣誉评选中获得"最具商业价值网站"称号；2012 年，获得"出版业网站百强"称号。

2014 年，中国皮书网与皮书数据库实现资源共享，端口合一，将提供更丰富的内容，更全面的服务。

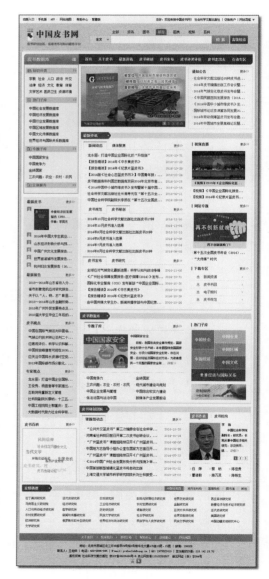

法律声明

“皮书系列”（含蓝皮书、绿皮书、黄皮书）之品牌由社会科学文献出版社最早使用并持续至今，现已被中国图书市场所熟知。“皮书系列”的LOGO（）与“经济蓝皮书”“社会蓝皮书”均已在中华人民共和国国家工商行政管理总局商标局登记注册。“皮书系列”图书的注册商标专用权及封面设计、版式设计的著作权均为社会科学文献出版社所有。未经社会科学文献出版社书面授权许可，任何使用与“皮书系列”图书注册商标、封面设计、版式设计相同或者近似的文字、图形或其组合的行为均系侵权行为。

经作者授权，本书的专有出版权及信息网络传播权为社会科学文献出版社享有。未经社会科学文献出版社书面授权许可，任何就本书内容的复制、发行或以数字形式进行网络传播的行为均系侵权行为。

社会科学文献出版社将通过法律途径追究上述侵权行为的法律责任，维护自身合法权益。

欢迎社会各界人士对侵犯社会科学文献出版社上述权利的侵权行为进行举报。电话：010－59367121，电子邮箱：fawubu@ssap.cn。

社会科学文献出版社

S 子库介绍
ub-Database Introduction

中国经济发展数据库

涵盖宏观经济、农业经济、工业经济、产业经济、财政金融、交通旅游、商业贸易、劳动经济、企业经济、房地产经济、城市经济、区域经济等领域，为用户实时了解经济运行态势、把握经济发展规律、洞察经济形势、做出经济决策提供参考和依据。

中国社会发展数据库

全面整合国内外有关中国社会发展的统计数据、深度分析报告、专家解读和热点资讯构建而成的专业学术数据库。涉及宗教、社会、人口、政治、外交、法律、文化、教育、体育、文学艺术、医药卫生、资源环境等多个领域。

中国行业发展数据库

以中国国民经济行业分类为依据，跟踪分析国民经济各行业市场运行状况和政策导向，提供行业发展最前沿的资讯，为用户投资、从业及各种经济决策提供理论基础和实践指导。内容涵盖农业，能源与矿产业，交通运输业，制造业，金融业，房地产业，租赁和商务服务业，科学研究，环境和公共设施管理，居民服务业，教育，卫生和社会保障，文化、体育和娱乐业等 100 余个行业。

中国区域发展数据库

以特定区域内的经济、社会、文化、法治、资源环境等领域的现状与发展情况进行分析和预测。涵盖中部、西部、东北、西北等地区，长三角、珠三角、黄三角、京津冀、环渤海、合肥经济圈、长株潭城市群、关中—天水经济区、海峡经济区等区域经济体和城市圈，北京、上海、浙江、河南、陕西等 34 个省份及中国台湾地区。

中国文化传媒数据库

包括文化事业、文化产业、宗教、群众文化、图书馆事业、博物馆事业、档案事业、语言文字、文学、历史地理、新闻传播、广播电视、出版事业、艺术、电影、娱乐等多个子库。

世界经济与国际政治数据库

以皮书系列中涉及世界经济与国际政治的研究成果为基础，全面整合国内外有关世界经济与国际政治的统计数据、深度分析报告、专家解读和热点资讯构建而成的专业学术数据库。包括世界经济、世界政治、世界文化、国际社会、国际关系、国际组织、区域发展、国别发展等多个子库。